IL BACIO

ROMANO GIACHETTI

IL BACIO

Alla mia Donna

A long, long kiss of youth and love
And Beauty, all concentrating like rays
Into one focus, kindled from above;
Such kisses as belong to early days,
Where heart, and soul, and sense, in concert move,
And the blood's lava, and the pulse a blaze,
Each kiss a heart-quake, — for a kiss's strength
I think, it must be reckon'd by its lenght.
                                        Byron

CinqueSensi

Romano Giachetti *Il bacio*
© *Idealibri s.r.l. Milano, Via San Tomaso, 10*
Prima Edizione Novembre 1984

Direzione Editoriale Mariarosa Schiaffino
Redazione e ricerca iconografica Giovanna
Bergamaschi
Progetto grafico e impaginazione
Giorgio D'Andrea

Distribuzione esclusiva per le librerie PDE
Fotocomposizione Ruta, Milano
Fotolito Cooperativa San Patrignano

Tutte le illustrazioni a colori, eccetto le
riproduzioni di opere d'arte, sono
dell'Agenzia Enrico Castruccio.

ISBN 88-7082-035-1

SOMMARIO

LA VENDETTA DEL BACIO

C'è niente di più intimo, rivelatore, esaltante, impegnante, dichiarante, spesso straziante, talvolta assurdo, tenero o appassionato, drammatico o poetico, ora veritiero ora ingannatore, ora teatrale ora scherzoso c'è niente che faccia convergere l'intero Sé umano — dai venti dell'animo alle tempeste del cuore, per non parlare dei sensi — sulle labbra, nella bocca; c'è niente, più del bacio, che riscatti l'Amore dall'usura del tempo e delle mode, e che anteponga l'ardore, questa sconsolata e rara musa del vivere, al tornaconto ancestrale e insieme futuristico dei corpi e della ragione?

C'è. Forse c'è. Ma io voglio parlare del bacio.

E per riparlare del bacio direi che il momento è propizio. Ai (falsi) poeti abbiamo tolto l'esclusiva del cantare le bontà del bacio: di quel privilegio hanno fatto ampio uso, tanto che gli ultimi ragazzi — stanchi di troppe labbra trasformate in petali di rosa — hanno vomitato sul bacio, lo hanno volgarizzato, portato in motocicletta, messo in burla, ridotto al lanternino del coito, scambiandolo (quando andava bene) per un saluto o una stretta di mano. Non potevamo che fare marcia indietro, ribellandoci agli uni e agli altri, e portare alla ribalta il «revival del bacio».

Per adottare il gergo della prosodia quotidiana, questo revival è un riflusso; ma potrebbe essere un'onda lunga, che dura. Dopo il ventennio dei baci insignificanti, dei baci carichi d'arguzia e d'ironia, dei baci-lampo, dei baci-folgore, insomma dei baci anonimi o preambolo al pasticcio della libertà sessuale (vista non come quella catena conformista che è, ma come intrallazzo meteorico in luogo di sentimenti infiacchiti); dopo questa piccola orgia sacrificale, che ha fatto credere all'utopia del piacere (mentre era povertà di tutto, anche dei sensi), il bacio di riaffaccia nella nostra dimensione pre-Duemila.

E che si riaffacci, non ci sono dubbi. Si baciano, voglio dire si ribaciano, i ragazzi che rubano un'ora alla scuola; gli innamorati veri (o che credono di esserlo, il che fa lo stesso) alle partenze dei treni e (qualche volta) degli aerei; gli amanti fissi, che trasmettono così messaggi interludenti ai soprassalti della loro stanca lussuria; le coppie sposate, con tenerezza stradale; e anche gli amici si baciano, con intenzione robusta; e ci si bacia tra uomini e tra donne; si bacia con un occhio all'immortalità, liturgicamente, formalmente, magicamente; si bacia nella gioia e nel perdono, nella sconfitta e nel trionfo; si baciano estranei e congiunti; si baciano oggetti, cose, la terra, gli elementi. Più che per parlare, si direbbe che la bocca sia fatta per baciare.

O! a kiss long as my exile, sweet as my revenge! dice Shakespeare.

Un bacio lungo come il mio esilio, dolce come la mia vendetta. L'esilio del bacio è durato fin troppo, già temevamo di vederlo relegato nel computer; e la vendetta, se i segnali del momento non ingannano, la vendetta delle labbra è dolce come torturante è stata l'attesa.

Il revival non è totale, e forse è meglio così. Ma mentre i paladini della vita-barzelletta già ridono di questo costume di ritorno, e gli altri, gli affrancatori delle licenze poetiche anche nel commercio delle promesse, già si ammantano di cadaveriche visioni tragiche (pensando, per esempio, piú al Petrarca che all'Aretino), il nostro tempo si è messo a fare i conti con un passato recente assai burrascoso.

In questo trattatello cercheremo di capire come e perché. E per farlo dovremo ripercorrere la storia del bacio, vedere che differenza c'è tra noi e i popoli antichi e meno antichi e se l'arco del tempo ha arricchito o «smagato» questo contatto.

Il bacio, dunque: questo strano «suggere l'anima» (o semplicemente la lingua), ma anche questo «sfiorare l'essenza dell'altro» (e talvolta, sgradevole, l'alito). Il bacio: questo mistero!

Questa dolcissima abluzione nell'ipotetica immortalità dell'amore. Tutto per due bocche che si uniscono? No: tutto per lo struggente tentativo di annullare l'inesplicabile solitudine dell'essere umano.

Il bacio tra Polia e Polifilo; dalla *Hipnerotomachia Poliphili*, Aldo Manuzio, Venezia, 1499.

CAPITOLO I

IL REVIVAL DELL'INGENUITÀ

Al festival del bacio partecipano soprattutto i giovani, anzi i giovanissimi; il che non vuole dire che tutti gli altri stiano a guardare. Tutt'altro: l'ingresso è libero. Il solo problema, stimolato dai cronisti della nostra epoca, è la ricerca di una corretta definizione del bacio.

Proprio così. La domanda è: cos'è il bacio?

Non è certamente (non lo è più, per lo meno non allo scoperto) il rito che si svolgeva tra i greci a Delos, nel tempio fallico di Dioniso. Ha molto poco a che fare con il tenero che correva tra Abelardo ed Eloisa. E nessuna donna o ragazza, oggi, si farebbe baciare come si faceva baciare una dea di ieri, Marilyn Monroe.

Certi sono ancora aggrappati a questi miti, ma sono la minoranza.

Allora, cos'è il bacio?

Il bacio è ciò che lo fanno essere gli uomini e le donne, e se è vero che un certo bacio — quello completo, chiamato anche «francese» in certi entroterra culturali, insomma quello dove convergono desiderio, amore, tenerezza e fiducia reciproca — ha probabilmente subìto poche modifiche da quando fu scoperto, è anche vero che ogni epoca dice la sua in proposito. Ogni epoca? In questo secolo dovremmo dire ogni decennio: l'accelerazione della vita contemporanea ci ha ormai abituati a pensare in decenni.

La prima constatazione è che il bacio si è moltiplicato. Non basta più dire: «L'ho baciata». C'è subito qualcuno che vuol

sapere: «Come?». Inoltre, sempre più frequente è la confidenza: «L'ho baciato» (non «Mi sono fatta baciare», come si diceva ieri l'altro). La nomenclatura aggettivata, a questo punto, è sconfinata. Sono caduti i modelli. Il bacio è diventato talmente soggettivo che se prendessimo la popolazione

terrestre e la dividessimo per due, avremmo l'elenco completo.

La seconda constatazione è che tra gli antichi e noi, almeno nel linguaggio, corre moltissimo tempo. Gli ebrei, per esempio, in tempi remoti non andavano più in là di tre tipi di bacio: quello dell'arrivo, quello della partenza e quello del rispetto (quello vero lo scordavano tra le righe delle Scritture). I romani erano quasi altrettanto parchi, sebbene fossero molto più diretti: per loro c'erano i baci amichevoli (*oscula*), i baci d'amore (*basia*) e i baci appassionati (*suavia*). Oggi, i francesi, dediti al bacio forse più di tutti, hanno venti tipi (venti nomi) di baci; i tedeschi, forse per combattere la loro natura, addirittura trenta. Gli anglosassoni, puritani, si contentano di uno. Noi italiani ne abbiamo poche, di categorie, ma quelle poche (soprattutto diminutivi e vezzeggiativi) abbracciano di tutto: da Dio fino alla carne nel suo più trascinante splendore.

Il nostro decennio è comunque animato da una specie di vento dell'amore (o così pare). Una volta gli innamorati si baciavano in pubblico solo a Parigi. Oggi le loro bocche si incontrano ovunque. Siedi in un ristorante e al tavolo accanto ci sono due che si baciano. In ascensore imprechi tra te per essere salito con quella coppia. In un'aula scolastica il professore non alza nemmeno più la testa. Fai la fila al cinema e quei due avanti a te ti anticipano il film. Se il traffico ti blocca, guardi a destra e poi a sinistra, e lo spettacolo è lo stesso, in altre automobili.

In Australia fanno gare di baci: vince la coppia che dura di più. In Giappone ci sono case particolari dove gli uomini comprano solo baci. Sono tornati i giochi dell'infanzia, quelli con le penitenze fatte di baci. A Lima, nel Perù, è subentrata l'abitudine di baciarsi alla fine di un ballo. Ma questi sono solo alcuni esempi tra i più appariscenti. Il grosso del revival si riscontra in altro modo.

In una nazione occidentale, di cui non faccio il nome perché è anche troppo spesso all'avanguardia (specialmente delle mode), il «termometro del bacio» segna forse il grado più rivelatore: sta tra il sentimentalismo più scoperto e l'ingenuità meno controllata.

Recentemente sono balzati tra i best seller, in questa nazione, tre manualetti del bacio. Uno è intitolato *L'arte del baciare*, il secondo *Come baciare con sicurezza*, il terzo *L'arte del wooing* (dirò tra un momento cos'è il *wooing*). L'aspetto più interessante della strana coincidenza è che mentre gli ultimi due sono libretti compilati ora, il primo è la ristampa di un'edizione del 1936. Non solo essi vengono «divorati» senza distinzione, ma sono sorprendentemente simili. Che le cose, dagli anni trenta a oggi, non siano cambiate? Oppure il revival stabilisce proprio questo ponte, tra due decenni apparentemente dissimili ma poi non tanto?

I lettori del 1936 costituivano un pubblico che aveva lasciato da poco gli sfolgoranti anni venti e che, ignaro dell'imminente prosperità che si sarebbe «abbattuta» sul suo paese dopo la guerra, era talmente schiacciato dai concreti problemi del vivere quotidiano che pur di «evadere» ne inventava di tutte. Si moltiplicavano le riviste-archetipo del fotoromanzo e si affollavano i cinema. Tornare a «sognare l'amore» era diventato imperativo.

Il piccolo manuale sull'arte del baciare appagava quell'esigenza: cancellati i festini da night club, le automobili con cui portare la ragazza al chiaro di luna, gli abiti scintillanti, il jazz, il ballo, perché mancavano i quattrini, si poteva almeno tornare a corteggiare l'amata nei modi poco costosi dei baci.

I ragazzi di allora (ma anche quelli di oggi) accettavano che si chiamasse «arte» il baciare, e non si davano pensiero se per prima

cosa, dato che si parlava del «nettare dell'amore», si citavano Marziale, Shakespeare e Coleridge.

Poi si veniva al dunque: i diversi tipi di bacio (essere padroni di un tipo basta, ma non si sa mai), i baci che preludono all'amore (umidicci, di solito), come ci si deve preparare al bacio (un vero *tour de force* psicologico prima dell'appuntamento), quindi come circuire la ragazza (farla cadere nella trappola), di quale tecnica armarsi (da don Giovanni? da ragazzo pensieroso? da atleta bisognoso d'affetto?), come baciare bocche di diversa misura (perché l'apertura conta eccome!).

Il manuale diceva anche come gustare il piacere del bacio (perché, potrebbe essere un dispiacere?), spiegava cos'è il «bacio francese» (ah, quei maledetti Galli che le sanno tutte!), e spingeva a variare i baci (raccomandato tra tutti, come finale, il «bacio-aspirapolvere», che provoca l'incenerimento della fanciulla). *En passant*, quasi fossero tecniche avanzate, enumerava il bacio spirituale (quando subentra la noia), il bacio ottico (contatto delle ciglia, per fugare la noia anche quello), il bacio doloroso (quello col morso) e infine il bacio durante il ballo, il bacio a sorpresa, il bacio rituale sotto il vischio, quello dei giochi di società.

Uno dei due manualetti di oggi è un vero *How To* (o *Know How*) dell'amore adolescenziale, e fa sorridere anche di più. Ma non dimentichiamoci che i ragazzi e le ragazze che lo leggono oggi saranno gli adulti di domani. In esso si descrivono con elabora-

Come si fa a baciare? Il «bacio francese» è la meta, ma ci si deve arrivare per gradi. La gentilezza del primo contatto non deve durare più di sette secondi. Segue l'abbraccio, l'apertura delle bocche, l'impiego delle lingue. Attenti (anzi attente) al respiro pesante e alle «mani itineranti»: il pericolo può essere vicino. Una volta respinto l'attacco, procedere pure con gli occhi chiusi. La ragazza farà bene a seguire l'esempio dell'uomo e a invadere a sua volta la bocca di lui con la propria lingua. Il piacere è assicurato.

E dove dovrà svolgersi tutto questo? In una discoteca, in camera di lui, dovunque

to pragmatismo le fasi che conducono al bacio. Eccole: contatto degli sguardi (due secondi significa ho capito, quattro secondi ho capito e contraccambio), sorriso (a tutti piace una persona felice, una persona che dice subito: «Parliamo, se vuoi»), strizzata d'occhio (non quella italiana, carica di volgarità, ma quella che dice: «Noi due abbiamo un segreto»), fischio (a uso dei maschi: attenti a non confonderlo con quello dei muratori quando passa una bella ragazza), riso soffocato (specialmente se si è in compagnia).

Poi, la conversazione. Mai evitare i complimenti, se sono onesti. Prepararsi a vincere la paura («un bacio andato male non è la fine del mondo»). Il traguardo è fatto di fiducia e di amore. E come conquistare la fiducia in se stessi? Con le «tecniche preparatorie», che vanno dal lavarsi i denti all'autosuggestione. E finalmente, il bacio.

c'è un letto pronto al capitolo succcessivo? Nonostante le apparenze, non è così. Tornano infatti anche i luoghi «romantici»: la spiaggia, il giardino pubblico, la campagna, i *drive-in* cinematografici (ma qui bisogna andare cauti perché al chiuso le cose sfuggono spesso di mano), e finalmente la porta di casa. Che ritorno in massa a un tempo che fu! C'è perfino la strategia delle aree sensibili: baci che partono dalle punte delle dita, che scendono nel palmo della mano, che salgono alla cavità del gomito e poi, su su, fino alla spalla, al collo, ai lobi delle orecchie, agli occhi, alle guance, alla bocca.

Non sembra che questi due libri parlino alla stessa generazione? Che il bacio non sia tornato smaliziato, arricchito (o impoverito: comunque influenzato) dalle recenti esperienze, dal «prendi il mio corpo che voglio il tuo», *leit-motif* generazionale quant'altri mai?

La risposta sta nel *wooing*, termine inglese che significa (e anche la spiegazione è sintomatica) «gesti più potenti di un bacio o miranti al bacio». Si tratta di lettere, fiori, dichiarazioni, le cui componenti sono (cito dal libro): «generosità di spirito, comprensione dell'incertezza altrui, sincerità di atti e di intenzioni, e stima». È un momento sublime, all'antica, accompagnato da piccole cose che acquistano il valore di un formidabile messaggio. Non è il flirt, non è la seduzione. È il ritorno dal passato di qualcosa che non c'era più, e a cui l'esuberanza sessuale, specialmente dei giovani, non cede volentieri il passo.

In gran parte del mondo, oggi, il *wooing* non imbarazza più, è un altro modo per arrivare alla meta. Questo corteggiamento e i due prontuari menzionati, mentre fanno riflettere sulla somiglianza tra gli anni trenta e ottanta, rivelano che il conflitto è aperto tra le liberissime scelte della sessualità e il freno che in maniera romantica si cerca in una più modesta transizione dall'adolescenza alla maturità. Qui si va a letto subito, là si impiegano giorni e settimane per arrivare al bacio. Il contrasto è evidente.

Che cosa prevale? Il bacio, senza dubbio.

Ma cosa prevarrà in un futuro imminente? L'argomento può anche solo divertire. Però l'umanità ha dedicato al bacio troppo spazio culturale, troppe opere d'arte, per essere visto unicamente come un fenomeno di costume. Esso ha una sua storia, legata alla lingua e all'evoluzione dei sentimenti. La conclusione è che l'attuale marea nostalgica trova modo di far pace con le lusinghe del sesso. Per comprenderlo, però, dobbiamo vedere quanta strada il bacio ha compiuto.

Ma prima, a congedo e viatico, la spontanea, dolcissima esclamazione di Kipling

*ne ho abbastanza delle
donne a noleggio.
Bacerò la mia ragazza
sulle labbra!*

CAPITOLO II

IL SALUTO DELLE LABBRA

Il bacio come faccenda sociale e sentimentale dipende dalle epoche, ma perché gli esseri umani si baciano? Dov'è cominciata questa storia dell'unire le labbra, aprire la bocca e lasciare che le lingue si tocchino, si insinuino nella cavità orale (la stessa cavità in cui un momento prima è transitato magari un boccone d'agnello), per frugare, esplorare, o per essere semplicemente succhiate, mentre i corpi a quel segnale si fanno vicini, per poi allacciarsi in uno spasimo muscolare?

Questo, naturalmente, è il bacio appassionato, quello che prelude — e sappiamo a cosa prelude. Che si tratti di realtà, di finzione letteraria o di fantasia cinematografica, l'esito si dà per scontato. Rossella O'Ha-

ra, in *Via col vento*, lascia che Rhett Butler la baci, e sa bene come andrà a finire. Nel film omonimo, si racconta che Vivien Leigh stentasse a fare altrettanto con Clark Gable perché la dentiera di lui esalava un pessimo odore. Ma in entrambi i casi il bacio significava preludio all'unione dei corpi.

Il peso erotico del bacio è enorme. Dopo che gli occhi e le mani hanno accarezzato l'oggetto del desiderio, il bacio procura il primo intenso contatto fisico. Durante il bacio le mani cercano di «conoscere» meglio il corpo che si sta per possedere (o si spera): il bacio è quindi il «permesso» all'amore fisico. E anche durante l'amplesso il bacio, in certe posizioni non troppo acrobatiche, contribuisce al piacere. Una diva di Hollywood disse una volta: «Sia beato quel missionario che inventò la posizione classica: tutte le altre mi sottraggono la voluttà del bacio». Anche nei suoi aspetti meno lascivi, il bacio è un po' il suggello dell'amore (le prostitute si lasciano baciare raramente, e non solo per ragioni

igieniche), una sensazione in più e una promessa.

Anzi, di più. Il bacio diventa rapidamente una «esclusiva», un atto altamente significativo che si consuma soltanto con il proprio uomo (laddove, per l'uomo, come sempre, il problema non si pone, visto che «ogni lasciata è persa»)...

Ma questo è un bacio progredito. Dove sono, all'inizio del mondo, le sue radici?

L'antropologia, che fa sempre del suo meglio per privarci dei misteri, ci dice che il bacio delle origini non era affatto il fattore erotico che è oggi, e nemmeno quello della tenerezza, dell'amore materno e paterno, o della venerazione. Non aveva nemmeno un significato religioso. Era semplicemente un saluto. Ancora oggi certi popoli primitivi si salutano in modi che fanno presagire l'evoluzione del bacio: soffiandosi sulle mani, toccandosi il mento o gli orecchi, tirando fuori la lingua. Di strada ne hanno fatta veramente poca.

Quando intervenne il senso dell'odorato, si cominciarono a sfiorare i nasi. Fu un primo godimento. Tra gli eschimesi, presso certi popoli dell'Indonesia, fino a ieri in certe tribù del Madagascar, della Terra del Fuoco e perfino della Finlandia, e un po' dappertutto nell'Africa centrale, il bacio-saluto è riservato ai nasi.

Come alone romantico, non c'è male. Del resto, l'odorato è fortemente impegnato anche nel contesto della vita animale: basta guardare i gatti quando si incontrano, o le pecore, i cavalli. Non è che si bacino, ma co-

Dal romanticismo più languido al realismo dei classici: per i lettori ottocenteschi un bacio in costume, per fremere fin nelle più segrete fibre; per gli antichi romani e i loro epigoni rinascimentali un bacio durante l'amplesso e un amplesso ''ferino'' senza baci di sorta.

minciano a conoscersi. L'odorato è il «radar» più primitivo che si conosca: è all'alba dell'evoluzione umana. Darwin scrisse pagine intere su queste «salutazioni» fisiche; e la Bibbia (Giacobbe, Isacco, Esaù) lo precede con autorevolezza. I mongoli odoravano i figli sulla testa, non per riconoscerli ma per salutarli, mentre nelle Filippine l'odorato agisce ancora oggi nello scambio di certi pegni (spesso d'amore): fazzoletti, indumenti, capelli.

In un dialetto africano le parole baciare, salutare e odorare sono le stesse.

Un passo avanti nell'evoluzione del bacio si ebbe quando intervenne l'elemento fantastico-religioso. Il fiato emesso dalle narici, in Africa e in Polinesia, veniva considerato parte dell'anima. Incontrarsi, sfiorarsi i nasi e impadronirsi di un lembo dell'anima altrui (procedimento che sembra quasi trapiantato tra noi) era una unione degli spiriti, un avvicinamento oltre i corpi. Mae West diceva: «Vieni qui, ragazzo mio, che ti succhio l'anima». In epoca remota, è ovvio che i corpi già si «fondevano» nella procreazione; ma sta lì, in quella breve estasi spirituale (dei fiati), l'inizio dell'amore.

L'amore come tale era però ancora lontano. Il momento culminante, il primo vero bacio, si ebbe quando al senso dell'odorato si unì quello del gusto. Potremmo dire che fu l'anima (dal naso) a spingere al bacio. I due organi, naso e bocca, sono talmente vicini che l'intervento del gusto era inevitabile. Notiamo, tra l'altro, che i cani leccano le mani al padrone: lo riconoscono e lo «assaporano». Altrettanto primordiale è la germinazione dell'effimera e a modo suo magnifica «invenzione» del bacio. (Che i poeti non si allarmino: il bello venne dopo).

Era dunque un connubio puramente sensuale, a cui forse già si attribuivano valori soprannaturali.

Dovevano passare millenni prima che una rapsodia tedesca dicesse: «Il sole radiante si oscura ai miei occhi quando mi impossesso delle rose che fioriscono sulle labbra della mia amata». Per il momento il maschio si impossessava, tra grugniti di vario timbro, della bocca della femmina (magari con un prete accanto che gli parlava dell'anima, anche lui con potenti grugniti). E forse era ancora misterioso il motivo per cui, a quel contatto, il corpo si riscaldava, i muscoli si tendevano e subentrava un certo languore. Tutto per una bocca sulla bocca? I sensi dei primi esseri umani erano molto più affilati dei nostri, ma anche così, non dovette essere — in quel baluginare di emozioni — una sorpresa?

Fu, evidentemente, una sorpresa piacevole. È ancora di moda. Una canzone popolare cipriota sentenzia: «Quando fu creato il mondo, nacquero con esso i baci e l'amor crudele». Ci sembra un po' pessimista; eppoi non è vero, non nacquero all'inizio del mondo: nacquero, probabilmente, quando quei primi esseri cominciarono a pensare alla vita (l'istinto della sopravvivenza) e quando si accorsero che tra una caccia e l'altra alla preda di turno, ben altre prede (i piaceri) offriva il creato.

Quanto all'amore, compreso quello crudele, la strada da fare era ancora tanta. Nel frattempo, di salutazione in salutazione, il gusto dettò che le labbra si socchiudessero. Qui finalmente, regina del bacio più istintivo, intervenne la lingua, matrice prima del senso del gusto.

Subito dopo cadde l'innocenza. Il «saluto sulla bocca» faceva scattare troppe altre cose, oltre al piacere di incontrarsi, per restare tale. Purtroppo nessuno sa come andò precisamente quell'evoluzione millenaria, come si trasformò il primo contatto, ma se prestiamo fede alle prime notizie storiche — che certamente condensano, spesso mitologicamente, il lungo tempo che le precede — dobbiamo credere che la successiva «biforcazione» del bacio era già implicita nella sua scoperta iniziale: da una parte il bacio del rispetto, dall'altra quello del piacere. Smarrita l'innocenza, che faceva tutt'uno delle due cose, il piacere non bastò più. Non bastò più il corpo: emerse l'anima.

Al bacio del rispetto risalgono quello religioso, quello filiale, quello dell'ossequio, senza dubbio quello della tenerezza e tutte le forme apparentemente o sostanzialmente asessuate del bacio. Quello dell'amore, invece, è stato poi raffinato nell'*ars amatoria* totale, dall'amore alla passione alla lussuria alle deformazioni del vizio. In altre parole, il bacio era anima e corpo alle origini, e lo è ancora.

Il bacio non fu la sola causa della nascita di un rapporto tra il maschio e la femmina: però a quel rapporto partecipò. Del resto non sappiamo bene come si comportassero tra loro l'uomo e la donna prima del 3000 a.C., l'inizio della storia documentata. È logico supporre che regnasse la promiscuità più assoluta (chissà quanti baci omosessuali si scambiavano, senza saperlo!): l'inconsapevole bisogno di favorirsi nel processo della

selezione naturale era il massimo impegno dell'epoca, forse l'unico.

Salutarsi, allora, significava solo incontrarsi. Poi, a circa duecentocinquantamila anni fa risalgono le prime tracce della famiglia umana: l'uso delle caverne. È importante notare che se la donna procreava, l'uomo non era affatto consapevole del suo ruolo nella procreazione. A tale consapevolezza sarebbe giunto solo più tardi: diecimila, forse ottomila anni a.C.

Ma come si sviluppò l'abitudine di *baciarsi*, non di sfiorarsi i nasi o soffiarsi in gola, ma proprio di scambiarsi un bacio?

Non è possibile saperlo. Tuttavia, quando l'uomo si scoprì padre perché seppe attribuirsi giustamente una funzione procreativa nell'amplesso con la donna, è probabile che in quella scoperta il bacio diventasse se non altro corollario dell'atto. Dopotutto, il piacere del bacio (perché era già *piacere*) non apparteneva allo stesso genere (e, guarda caso, accadeva sempre più spesso in quelle circostanze, o nell'imminenza di esse) del saltare addosso alla femmina, infilarla, e poi rovesciare in lei il proprio seme?

Prima della rivoluzione neolitica regnava la parità dei sessi; addirittura, forse, la supremazia della donna, che doveva badare alla prole e cacciare allo stesso tempo. Ma con quella rivoluzione le parti si modificarono. L'uomo, preso delle scoperte «tecnologiche» (il bastone, la ruota, e quindi l'agricoltura), si sentì padrone e maestro: alla donna restava l'elargizione dei favori, che l'uomo chiedeva sempre più raramente perché preso da altre cose. Cominciava la Storia.

In questo brumoso contesto, che alla nostra conoscenza offre pochissime pezze d'appoggio (Lucy, ritrovata in Africa, non sappiamo nemmeno se morì sola, abbandonata dai maschi o se cercò quella morte per un suo diritto), la posizione dell'uomo e della donna è decisiva anche rispetto al bacio. Quando la donna smette di cacciare perché l'uomo è in grado di sfamare lei e i suoi figli, a lei resta il privilegio, all'uomo va l'impegno. Se l'uomo fa, fa per lei; se la donna riceve, riceve perché le è dovuto. L'analisi (abbondantemente compiuta negli ultimi vent'anni) porta al patriarcato e al matriarcato. Ma è altra materia dalla nostra. A noi interessa stabilire che l'offerta (del cibo) viene fatta per uno strano miscuglio socio-esistenziale, e indirizzata alla donna. È probabilmente qui l'embrione di un certo concetto di Bellezza.

I baci del nostro tempo discendono anche da questo.

CAPITOLO III

STORIA DEL BACIO

Se all'inizio del mondo (dell'Amore) la Bellezza fu solo una brutale strategia post-scimmiesca (e chissà mai quali erano i requisiti che la regolavano), è su questo concetto, idealizzato più tardi, che si basa la trasformazione del bacio primordiale in bacio d'amore *in omaggio alla donna*. Da una confusione salivata di labbra alla squisitezza del «bacio lungo»: ci si potrebbe vedere la lenta ma progressiva capitolazione (se capitolazione fu) dell'uomo.

Quante donne hanno dedicato versi alla sinuosa morbidezza del labbro maschile? Pochissime, e in età molto recente. Tutto quello che fermenta, si sviluppa, assume un pregio, diventa simbolo e stabilisce il criterio dei diversi baci — nel corso di tanti secoli e di tante civiltà, da quella cinese a quella egiziana a quella babilonese, dal brulicare di fantasie del mondo greco-romano agli anni (non così oscuri come si crede) del Medioevo — sfocia nella raffinatissima seduzione esercitata dalla donna e dai suoi baci.

Quando Dante, parlando della donna sua, scandisce

e par che da la sua labbia si mova
un spirito soave pien d'amore,
che va dicendo a l'anima: Sospira,

non fa che imprimere il suggello della Poesia a una verità solo parzialmente biologica e sostanziata da millenni di fede cieca nel potere esaltante della bocca della Donna. Dante, come sappiamo, pensava poco a baciare Beatrice, ma non c'è dubbio che in lei, attraverso gli occhi di lui, si assommano misteri an-

tichi come il mondo. Lo «spirito» che si muove sulle labbra delle donna amata (anche se lei sognava tutt'altro, non ultimo il letto) ha qualcosa di definitivo, di eterno, di assoluto: nel caso di Dante l'insperato paradiso è una proiezione mistica; nel caso di tutti coloro che amano più modestamente, è l'eterna lotta contro la morte. «Ti amo e ti amerò per sempre»: l'involontaria menzogna continua anche oggi a trovare redenzione nel bacio.

Slittamenti progressivi del piacere: da qui fino a pagina 25 l'inesorabile procedere verso la fusione delle labbra e dell'anima. Come sempre il cinema ce ne consegna immagini esemplari. Da Nelson Eddy con Jeannette McDonald, passando per Vivien Leigh con Laurence Olivier, fino a Merle Oberon (ancora con Olivier), fase di avvicinamento. Poi è la passione, con Joseph Cotten e la torrida Jennifer Jones, la divina Garbo — "tentatrice" del 1926 — e l'apoteosi del grande amatore, John Barrymore con Dolores Costello (a sinistra) e con Greta (a destra).

Non è uno dei tanti tradimenti dell'amore: è forse la sua vera forza. In un'antica ballata serba la ragazza, che ha appena concluso la sua prima «tornata tra le coltri», si rivolge alle stelle chiedendo:

Dimmi, stella mia, cosa pensano gli angeli del
                              paradiso
Quando due giovani si scambiano il primo dolce
                              bacio?

Le stelle la rassicurano: «Gli angeli gioiscono». Piangono solo, aggiungono, perché nessun bacio è eterno: verrà la morte. Un poeta dei nostri giorni, Cesare Pavese, ripete: «Verrà la morte e avrà i tuoi occhi».

La morte è insieme la spada che recide l'amore (un poeta scandinavo si lamenta: «L'amore dura quanto un bacio») e la vita nell'ultimo bacio. Non nell'ultimo amplesso: nell'ultimo bacio. L'amore, si direbbe, non appartiene alla carne, ma allo «spirito» della carne.

Può esserci gioia più profonda? Si capisce che può esserci, però nessuno l'ha mai anteposta al bacio, per lo meno non i poeti premoderni che hanno parlato dell'amore con un linguaggio a noi vicino. (I cronisti della sessualità pura non fanno testo: infatti parlano molto raramente del bacio). Anche nell'antichità, i greci per esempio giudicano il favore che la donna concede all'uomo in base a ciò che offre, e non ci sono ghirlande da lei portate, o calici a cui ha bevuto, e nemmeno promesse di notti d'amore, che rivaleggino con il dono più alto: il bacio.

Un re dei persiani era solito «possedere»

tutte le notti le sue trecento mogli. Eraclito non ci garantisce che non si trattasse di un uomo dotato di una «spada infuocata», però fa capire che il «possesso» avveniva attraverso il bacio (e anche trecento baci non sono da buttar via, in una notte sola).

Lo storico siciliano Timeo riferisce che i Tirreni, durante i banchetti, lasciavano che «giovinetti e baldracche» si accoppiassero davanti ai loro occhi; a sé riservavano il diritto di *baciare* le vergini: era il piacere più delizioso. La donna impera. Quando un poeta spagnolo esprime il desiderio di trasformarsi in «qualcosa di eterno», sceglie la brocca a cui la donna amata beve per rinfrescarsi le labbra: così ne sazierà la bocca, mentre, per Tennyson, è l'amore stesso che si sazia, così

O Amore, O fuoco! una volta
mi succhiò con un lungo bacio

l'anima intera dalle labbra,
come il sole beve la rugiada.

Mentre il bacio si sublima trasformando l'attimo in eternità, l'amore è disperatamente alla ricerca di una immortalità che non esiste. Da una parte un sentimento ambiguo, che certi antichi (i greci, per esempio) deridevano spesso; dall'altra l'omaggio alla Bellezza. Solo così, in questa sua profonda religiosità (l'uomo, bisogna supporre, ebbe meno paura dell'universo quando baciò la prima donna, mentre nel suo corpo, sessualmente, era già entrato miliardi di volte), il bacio trova significati che superano l'iniziale sferzata biologica dei sensi.

Per i greci il bacio era la chiave del Paradiso. Giove non si faceva scrupoli di «menare il membro» in tutti gli angoli del cielo. Poten-

te com'era, gli obbedivano tutti. Ma quando voleva congiungersi con una «donna mortale» doveva mutare la propria sembianza (per Leda diventa cigno), e di tutta la sua avventura resta imprigionata nel simbolo una cosa sola, il bacio.

I persiani, giunti alla vecchiaia, acquistavano saggezza ma perdevano forza perché perdevano non la gagliardia virile, ma il «profumo dei baci». «L'arma del seme può sempre raggiungere l'intimità della donna, ma ella ne respingerà la bocca vecchia e malsana». Ancora Giove, quando rapisce Ganimede e se lo porta tra le nuvole, ha in animo di baciarselo tutta la notte.

Questo motivo percorre i secoli fino a noi. Heine sostiene che il bacio lo «rende intero»:

gli ridà forza e salute. Lo stesso Heine ne rivela il segreto, che coincide (e siamo nell'Ottocento) con quello dei popoli primitivi, quando si inebria nella «comunanza del Tutto»:

... l'anima.
Che Iddio, quando la creò,
di sé pago la baciò.

Dio, nell'immaginazione degli uomini, non esprime mai soddisfazione per un lavoro ben fatto impregnando qualcuno o qualcosa: però bacia. A me non va l'idea che il piacere abbia bisogno di redenzione (è una delle cose buone della vita!), però non c'è dubbio che l'ha avuta, e risale alla notte dei tempi: alla creazione dell'idea di Dio. Qualcuno congiurò fin dall'inizio. Lo spirito passava da bocca a bocca, la sacralità del gesto riduceva già a nefandezza quel che seguiva il bacio. Non è paradossale che il piacere minore (perché questo è il bacio) sgominasse così facilmente il piacere maggiore?

Ma il piacere non si lasciò sconfiggere senza resistenza. Probabilmente assai presto nella storia del mondo la voluttà delle labbra si trasferì prima ad altre parti del corpo, poi a tutto il corpo. Il profano invadeva il divino, e con ampia giustificazione. Megilla e Laena, due donne di Lesbos, violavano anche la distinzione sessuale quando (narra Luciano di Samosata) si «accoppiavano». Basta leggere Marziale, Ovidio, Petronio, perfino Apuleio, per capire quale itinerario del piacere percorrano le labbra quando si staccano dalla bocca amata e si avventurano, di tappa in tappa, verso la lussureggiante foresta del sesso. Il piacere maggiore voleva la sua parte, il che porta a una conclusione: dei due nuclei primordiali, l'esperienza sensuale, poi sessuale, e la qualità magico-religiosa del bacio, per un lungo periodo ebbe la meglio la terra, che preferì dimenticare il cielo.

Si cominciò a baciare appassionatamente, poi lascivamente, infine nella maniera più dissoluta perché priva di quella cosa chiamata Amore. Sodoma e Gomorra non furono certo l'occasione del piacere: ne segnarono il trionfo più vistoso. Il primo bacio fu probabilmente schioccato in un eccesso di carnalità, ma ben presto lo imprigionarono le propaggini dell'Aldilà, contrarie come sempre a lasciare in pace l'uomo.

Ma quanta «divinità» sottrasse il mondo antico al bacio! Dafni e Cloe sembrano rappresentare la parabola della rivolta: prima si baciano, non sapendo cos'altro fare, e sono felici; poi continuano a baciarsi ma sentono che manca loro qualcosa; si fa avanti la «donna esperta» e istruisce lui sul vero significato della parola «giacere», con dimostrazioni pratiche in una foresta di sogno; infine i due giovani si uniscono come si deve e solo allora, cioè dopo, tornano a baciarsi con gusto. Vince l'amore, ma perché il piacere è assicurato.

Anche la Bibbia si sofferma spesso sulla sessualità del popolo eletto e dei suoi nemici. Sebbene menzioni poco, o nient'affatto, il bacio vero, vi allude.

E più tardi, ha voglia San Paolo a suggerire ai romani: «Salutatevi con un bacio sacro», i romani ne avevano ben altra idea.

Il femminismo dei nostri giorni indica correttamente nel piacere dei corpi l'arma con cui le donne cominciarono a tentare la riconquista della loro condizione «preneolitica» rispetto all'uomo. Ma chi può dire se fosse l'uomo o la donna a trasformare il bacio? Certo che non dovrebbe essere errato supporre che la donna si rendesse conto della «stregoneria» che aleggiava sulle sue labbra, del potere che aveva sull'uomo. Non a caso, in tutte le letterature, è l'uomo che è schiavo del bacio, non la donna.

Questa schiavitù, sia come premessa all'amplesso che come promessa d'amore, anima il rapporto tra gli amanti fin dai primi secoli civili.

Cleopatra rende schiavi perfino gli imperatori, con i suoi baci. Il povero Abelardo, prima di sapere a quale amputazione andrà incontro, cede alla «magia» della labbra di Eloisa e, con un anticipo di quasi due secoli, fa ciò che fece capitolare Paolo nelle braccia di Francesca: dimentica il libro «galeotto».

Nel frattempo, il bacio si modifica, si raffina. Pietro Bembo è figlio del suo tempo quando bacia Lucrezia Borgia tra un boccale di vino e l'altro, e non pensa affatto al tradimento. Al tradimento invece pensa uno dei tanti eroi dell'abate di Brantôme, all'epoca della regina di Navarra, quando riflette che «baciare è bene, ma baciare dietro una maschera è meglio»: il temuto nemico è l'inganno, ma la donna si deve conquistare, a qualunque costo.

Boccaccio e l'Aretino avevano dato grazia

(spesso campagnola) e sensualità al bacio. Il tardo Rinascimento e il Seicento travisarono le novelle e le allegorie dell'uno e dell'altro, ma la ragione è semplice: il bacio aveva fatto suo la mondanità dell'epoca.

Nicolaus Chorier scrisse in latino e concepì a modo suo la «rinascenza» della carne. I suoi amanti si baciano vestiti, poi mentre si spogliano, infine quando sono nudi e a letto, dopodiché dimenticano il bacio e si

dedicano ad altri, più corposi, piaceri.

Anche qui la situazione è in mano alla donna. In *L'école des filles*, bandito a Parigi nel 1655, l'ignoto autore impartisce lezioni sul modo d'amare alle giovani fanciulle dell'epoca, e si sofferma sui «due strumenti» che esse posseggono e con i quali possono «far perdere la testa agli uomini». Il primo è la bocca, il secondo è la vagina, ma mentre il secondo «fiorisce da solo, quando deve fiorire», il primo si può usare in molti modi, «ognuno dei quali infiacchisce la resistenza della vittima».

Anche quando sembra che sia l'uomo a impadronirsi della cittadella, è la donna che lo tira al laccio. Il baronetto di Rochester, vissuto più o meno nel periodo in cui si rese famoso il diario di Samuel Pepys, rapì la futura moglie, prima di sposarla, ma fu lei a chiedergli «baci prima del talamo». Dagli epicurei del Sei-Settecento apprendiamo che il bacio veniva somministrato (come una pozione d'amore) in dieci dosi, dieci modi diversi, dai più teneri e innocui ai più incendiari. I «manualetti» esistevano anche allora.

Crébillon il Giovane, all'inizio del XVIII secolo francese, informa che «i baci a boccuccia chiusa sostituiscono il baciamano ma affrettano di molto il passaggio in camera da letto». Laclos, in *Les liaisons dangereuses* concede piaceri sublimi al suo eroe, e sempre a spese delle donne che ha mortificato, ma un suo più oscuro contemporaneo, Raymond Lassalle de Remy, sostiene che «i patiti d'amore sono sempre gli uomini».

Così la letteratura cercava di vendicarsi della vita.

Fino all'avvento del marchese de Sade, con le ombre di Casanova e di don Giovanni a fargli da padrini, in Europa il bacio era diffuso soprattutto nei circoli aristocratici. Non che il popolo non ne gustasse le delizie, ma non aveva che pochi cronisti a documentarlo. Nelle corti dorate ci si baciava nei salotti del pettegolezzo, nelle carrozze dei viaggi, nei letti delle molte infedeltà. È no-

tevole che ci si baciasse con una nuova etichetta: in punta di piedi, dietro un ventaglio, attraverso i vetri, dalla strada al balcone e da una parete all'altra dei saloni. Certe dame approfittavano delle feste mascherate per saggiare gli eventuali amanti (mandavano in avanscoperta una damigella del loro seguito, ingiungendole di «baciare e non di più» e poi riferire sulla tecnica amatoria dell'uomo).

Si baciava anche per sfida: la punta del naso o una spalla. I narratori galanti del Settecento (La Fontaine, Helot, Nerçiat) suggeriscono che una certa ritrosia femminile a concedere le labbra (le labbra e non il resto?) fosse dovuta a un ritorno del «morbo gallico» (la sifilide), comprovato dal nuovo successo che godevano gli scritti di Erasmo, che a suo tempo al morbo aveva dedicato un feroce dialogo.

La conclusione del secolo è nel *Saggio sulla donna* di John Wilkes («O Piacere, quanto dolci le tue ali! O Donna, quanto grande la tua vittoria!»). È già un andante mosso che si sostituisce all'allegro della meteora illuminista e fa presagire l'affermazione del rito amoroso borghese, in cui il suo apostolo, Jean-Jacques Rousseau, domanda quasi angosciato:

Non è il vero amore il più casto di tutti i legami? Non è l'amore il più puro e il più glorioso impulso della nostra natura? Non disdegna le anime perse e fraudolente, mentre ispira gli spiriti più grandi e più forti? E non trascina l'anima al di fuori di noi stessi?

Inteso come lo intendeva Rousseau, l'amore avrebbe fatto scomparire — alla fine

— oltre a tutta la carne, i baci stessi.

È noto che tra realtà e apparenze, fin dall'inizio dell'era borghese, il divario fu notevole. Ma la pretesa «asessualità» dell'epoca incise in qualche misura anche sui costumi veri. Il bacio, non più straziato tra i due poli della sessualità e della religiosità, si trovò al centro di una grande confusione. L'amore, da un punto di vista sociale, non esisteva: intendo l'amore carnale, ché quello delle affinità più o meno elettive trionfava, lontano mille miglia dal letto. Più ci si amava spiritualmente, più l'amore diventava forte. Ma il crudele sottofondo era la tortura dei sensi.

Si pensi: si temeva così tanto la sopravvivenza del gusto di vivere secondo i sensi che, oltre alla famosa gamba del pianoforte, erano bandite anche parole come *cosce* (ora gambe superiori), *petto* o *seno* (ora busto), *sedere* (ora schiena, o tutt'al più didietro). Una donna non era *incinta*: era in stato interessante. Gli innamorati, le poche volte che rimanevano soli, non si *baciavano*: si parlavano. Una ragazza che fosse sorpresa a baciare l'uomo che amava, fosse pure il promesso sposo, veniva spedita in tutta fretta all'altare. Se poi baciava un altro, era come se avesse perso la verginità.

In questo massacro dei piaceri fisici, si ha ragione di sospettare, il bacio non si dette per vinto. Anzi, è quasi certo che i rari baci rubati alla morale vigente fossero tra i più appassionati della storia del mondo. Sull'esempio di Madame Récamier e di Madame Tallien, uomini e donne presero a de-

lineare, sia pure involontariamente, l'ideale di bellezza femminile — Venere con un tocco eroico — preannunciato dalla Rivoluzione francese. L'uomo, d'altra parte, si atteggiava (o aspirava a essere) eroe. La castità, dopotutto, sottintende un certo eroismo. *Fanny Hill* era una super-prostituta che aveva portato al postribolo la grazia della sua bellezza. Ma perché dietro le palizzate della severità familiare, non si potevano ancora godere le gioie che aveva goduto lei?

Un sintomo ce lo offre la produzione artistica erotica di quel tempo. Le illustrazioni di uomini come Victor Adam, N. Maurin, Lévilly, Rejlander, Wiertz, Devéria, Zichy,

Inganni, Vestier e Jeaurat non lasciano dubbi: mentre l'arte «seria» o ufficiale (come vedremo più avanti) prendeva poca parte al duello, quella «illegale» componeva l'affresco di una società (soprattutto inglese e francese) che non aveva dimenticato affatto l'abc dell'amore, il bacio. E in verità non aveva nemmeno dimenticato le ultime lettere dell'alfabeto.

Reigen di Schnitzler contiene tra l'altro il classico rapporto «padroncino e domestica»: baci a non finire. Il bacio dell'affetto si mutava spesso in approccio incestuoso (ne porta testimonianza lo stesso Freud, prima dell'avvento della psicoanalisi). Celestina, la fanciulla «snella e tremante» di *Frühlings Erwachen* di Martens, ispira tanto «amore puro» che, come quasi tutte le sue coetanee, «rende reale la promessa: io sono tuo, tu sei mia, la morte ci dividerà — il giuramento era nostro e inviolabile: dalle nove alle dieci».

La donna era il paradiso e l'inferno. Heine si lamenta:

E al momento dell'addio
mi rifiutasti l'ultimo bacio.

Non è rifiuto serio: lei sa che lui tornerà. Si opporranno le famiglie? Si opporrà l'intera società? Che si oppongano pure: «sulle mie labbra coglierai la vittoria». I borghesi del post-Rivoluzione francese e i vittoriani, parenti stretti, non sono un argine sufficiente. Ci si bacia magari nell'ombra, sui romanticissimi dirupi contro cui infuria il mare, fingendo di studiare insieme, facendo

musica a quattro mani, in lettere appassionate, in allusioni segrete, una volta al mese (e il resto del tempo lo si passa a rammentare); ma ci si bacia.

È a un autore di questo periodo, Charles Swinburne (1832-1909), che si deve la più accurata descrizione del bacio che si conosca (in *Flossie*). Vale la pena di essere riportata per intero:

In un momento, fu tra le mie braccia. La coprii con una pioggia di baci sui capelli, la fronte, gli occhi, le guance, e poi, tirando il suo corpo sempre più vicino al mio, incollai le mie labbra sulla sua bocca vermiglia e mi persi in un lungo bacio, un bacio follemente delizioso — un bacio da non dimenticare, anzi ancora così vivo che devo tentare di descriverlo. Le mie mani le sorreggevano la testa, affondate nei suoi capelli castani. Flossie mi teneva stretto a sé con le braccia. Al primo contatto le sue labbra erano chiuse, ma un momento dopo erano aperte e, gentilmente, quasi come se fosse il rituale di una cerimonia solenne, la sua rosea lingua entrò nella mia bocca, portando con sé una traccia dell'umidore della sua gola, e s'incurvò, roteò amorosamente intorno alla mia, mentre le sue mani erano scese alle mie natiche. Issata sulle punte dei piedi, mi attirò a sé con una forza così straordinaria che i nostri ventri sembrarono già congiunti.

Così i *vittoriani* conoscevano la vita sessuale... È merito loro, comunque, se il bacio, dopo tante tormentate peripezie e dopo essere stato snaturato nel minuetto della leziosità settecentesca e nella svenevolezza dei romantici, si presentò alle soglie del Novecento più ricco di quanto avrebbe voluto la società che lo aveva partorito. Baciarsi in un certo modo, dopotutto, significava *essere* in quel modo. La disinvoltura di ottant'anni fa, la spregiudicatezza femmini-

le, lo scambio del bacio-promessa con intenzioni più oneste: tutto ciò rivela che la maturità dell'amore (nel bacio) era alle porte.

Se torniamo per un momento al tessuto iniziale del bacio, la distinzione tra baci sensuali e baci «votivi» (compresi quelli religiosi: cioè indirizzati come saluto o in segno di sottomissione al mistero che circondava gli uomini, all'alba della civiltà) non basta più. La stessa sensualità è cambiata. L'anima ha assunto altre configurazioni. Il bacio risente delle due cose: in esso subentra l'elemento culturale, che assume significati, si arricchisce di funzioni («non ti bacio solo perché ho voglia di te, ma perché sei *te*»). Non parla un linguaggio sostanzialmente diverso dalla sua prima enunciazione, ma ora è (per usare un termine moderno) «decentrato» nella vastissima varietà delle sue applicazioni. Nessuno ha mai detto che dietro due labbra che si sporgono ci sia solo una lingua in attesa. La lingua attende, ma spinta da molte altre cose che non siano la passione immediata.

Questi significati multipli si possono raggruppare e qui lo faremo fra poche righe; prima, però, bisogna notare che al bacio va connesso un elemento quantitativo e uno qualitativo.

La statua del santo, le forze della natura, la terra, l'autorità, l'amico, il familiare (i bambini no, perché a loro è riservata una dose ripetuta di teneri baci), gli apparati dei cerimoniali, le astrazioni, la mano della donna appena conosciuta o incontrata: a tutti questi «oggetti» il bacio destinato è uno solo, o uno alla volta.

Laddove invece entra in gioco la pura sensualità, dallo sbaciucchiare ripetuto delle coscette grasse del neonato, attraverso tutta la gamma dell'amore fino all'erotismo più scoperto, con persone dell'altro sesso o dello stesso sesso, e naturalmente nelle riunioni orgiastiche, l'unicità del bacio scade: subentra la molteplicità del contatto.

Poco importa se una avida «modernità» consente la distribuzione insignificante dei baci, in certe classi e con certe convinzioni: anch'essi appartengono alla dimensione della sensualità.

Se l'amore è nel bacio, se l'amore dura quanto dura un bacio, e se l'amore ha bisogno di continuo nutrimento, ne consegue che il perpetuo rinnovarsi del bacio è una legge inesorabile in tutto ciò che passa per amore (compresa la semplice passione carnale). Gli amanti, si dice, sono insaziabili: ma più di baci che di amplessi. Un proverbio rumeno ammonisce: «Con un bacio solo non si conquista una donna». Nemmeno lei, la donna, riesce a tenere un uomo con un bacio solo. Gli spagnoli dicono: «Si mangiano di baci». I finlandesi aggiungono: «La bocca, come la mano che si stringe, non si consuma mai a forza di baci». «Bacia che ti passa», dice un proverbio italiano, spingendo alla ripetizione. Un altro rincara la dose: «Bacio dato non è mai perduto». E così via.

Jean Dorat, un umanista del Cinquecento che di *osculazione* si intendeva, scrisse:

Il secondo bacio esorcizza
il demonio scatenato dal primo.

Il secondo, e poi anche il terzo, il quarto,

il quinto... Le risorse quantitative del bacio d'amore sono infinite, e per buone ragioni.

La prima è che un piacere ripetuto non sempre si guasta; spesso si acuisce. La seconda è che i baci, preambolo o surrogato dell'amplesso, più durano e più arrovellano il desiderio. E poi gli amanti ne sanno una più del diavolo: conoscono tante varianti quante sono le stelle in cielo. La donna che non può o non vuole concedere altro, offre centinaia di baci, tutti in una volta, ed è come se dicesse: «Non ti do altro, ma guarda quanti baci ti do». L'uomo, non meno attento a non perdere di vista l'interesse maggiore (l'amore) e più esibizionista replica: «Lo senti il bollore della mia passione? Questi baci non sono che l'antipasto». I baci si moltiplicano. Le bocche non si consumano; solo, a volte, si stancano.

Se la voluttà, dopo un poco, si fa ripetitiva, sopraggiungono le parole. «Ti amo», «Ti adoro»: sono intervalli ma, come a teatro, servono. Poi comincia il nuovo atto. Martin du Bellay, contemporaneo di Dorat, si fece gioco di Catullo, che a Lesbia chiedeva solo «mille e poi ancora mille baci»:

In verità Catullo ha bisogno di poco.
E anche quel poco non vuol dire niente,
Se tutti quei baci li può addirittura contare.

Gli amanti non contano (sono gli amplessi che, semmai, si contano, e non solo per i limiti della fisiologia umana). Gli amanti si baciano, in attesa di appurare se nel loro baciarsi ci sia, o sia tornato, o non ci sia più, l'eterno antagonista della felicità duratura:

l'amore. Lui, l'amore, non risponde, ma spinge ad altri baci. Così va il mondo, inseguendo l'eterno.

PICCOLO INTERMEZZO FILOLOGICO

Così si legge in un'antologia dell'umorismo anglosassone

Il bacio è una faccenda curiosa. A una persona sola non serve, per due è una benedizione. Il bambino lo riceve per niente, l'uomo deve mentire per averlo e il vecchio deve comprarlo. È il diritto dell'infante, il privilegio dell'amante e la maschera dell'ipocrita. Dato a una ragazza, per lei è promessa; per una donna sposata, speranza; per una vecchia inutile, carità.

Dopo tutto questo dobbiamo ancora chiederci: Ma il bacio, cos'è?

Il vecchio Zingarelli lo definisce «atto del baciare». Va bene, allora, cos'è il baciare? «Imprimere le labbra chiuse e allentarle in uno schiocco, con senso di amore o riverenza o piacere». Se così fosse, le porte della lussuria o dell'innamoramento si sarebbero aperte solo sul commercio della carne e sulle astrazioni da plenilunio. Non meno casta è la definizione della Treccani: «Atto delle labbra su persona o cosa in segno di amore, venerazione, affetto, devozione».

Né si fa meglio altrove. Il Webster, se non altro, distingue tra il baciare sulla bocca (la moglie) e sulla guancia (il bambino). Agli altri e alle altre, niente baci. La vera «tecnica» del bacio, per i filologi, rimane quella puritana, votiva o reverenziale, come se i sensi, da che mondo è mondo, avessero marciato per conto loro, nei genitali ma non sulle labbra.

La varietà della formazione della parola «bacio» farebbe sperare in significati più precisi, specialmente nelle lingue più libere, ma non è così. Nemmeno le epoche storiche hanno modificato troppo il termine iniziale,

e sì che di variazioni ne abbiamo avute. Solo il ramo latino si arricchisce strada facendo, ma quasi sempre per il dilatarsi della stessa parola. Da *basia*, equidistante dall'amicizia e dalla passione, vengono l'italiano *bacio*, lo spagnolo *beso* e il francese *baiser*. Dal greco *kynein* discendono invece l'inglese *kiss* e il tedesco *Kuss*, su cui convergono gli arcaici *kissen* (inglese medio), *cyssan* (inglese antico), *kussen* (dialetto germanico), *kyssa* (norvegese) e *kukjan* (gotico), con una radice che forse risale all'ittita *kuwassanzi*. La stessa strada l'hanno percorsa anche lo svedese *kyss* e l'olandese *kus*.

Alla parole viene sempre sottratta l'immagine che, nella maggior parte dei casi, si evoca quando ci riferiamo al bacio: quella passionale, ardente. Il solo sanscrito *cusati* fa eccezione, perché significa «succhiare». Il bacio è infatti, come indica un dizionario danese, «una pressione della bocca contro un corpo», ma c'è corpo e corpo. I finlandesi, più fantasiosi, dicono *antaa sunta* per baciare: «dare bocca». E, certo, la bocca *si dà*, ma come?

Foneticamente, il bacio è un suono bilabiale, un'occlusione delle labbra, ottenuto mediante inspirazione. È, insomma, uno «schiocco».

Ma è uno schiocco anche quello che si fa per comandare a un cane o a un cavallo, eppure quello non è un bacio.

Cos'è, allora, che distingue un bacio da un suono o rumore?

«Se devi spiegarmi il bacio e perché mi baci, stiamo qui fino a domani». disse una volta Mae West. «Perché non ti butti e lasci fare a me?». L'attrice aveva colto nel segno, perché ciò che distingue il bacio — si chiami come si vuole — è l'intenzione, che a sua volta modifica il modo di baciare al punto da trasformare completamente il bacio, dandogli le classificazioni qualitative che conosciamo.

D'altra parte, a queste classificazioni si dedicavano già ampiamente i «filosofi» del Settecento. L'austriaco W. von Kempelen, nel 1791, dichiarò che esistono tre tipi di bacio. Il norvegese Johannes Jorgensen ne enumerò sei, ma si soffermò su quello che poi sarebbe prevalso nell'accezione comune, e lo descrisse così: «Il suono delle onde del mare contro la roccia è come il suono dei baci lunghi».

Questa è la solita fantasia poetica. Fece meglio il comico americano W.C. Fields: «Io di baci ne distribuisco quattro: il primo, che ricorderò sempre perché mi spaccò un labbro; il secondo, a cui ne ho fatti seguire migliaia, uno più pestilenziale dell'altro (pestilenziale per le donne che li ricevevano, perché mi cadevano tutte ai piedi tramortite); il terzo lo riservo agli amici e ai parenti (ai bambini no perché i bambini li prendo a scapaccioni); e il quarto non l'ho ancora dato, ma lo darò, in punto di morte, per pagarmi l'assicurazione dell'aldilà».

Fields la sapeva molto lunga, perché le quattro categorie a cui si riferisce comprendono davvero i quattro tipi di bacio che raggruppano tutti gli altri. Le passerò in rassegna (in modo certamente incompleto, ma, spero, indicativo). Alcuni tipi sono in disu-

so, altri resistono simbolicamente. Su tutti si erge, dittatore incontrastato della vita sessuale e sentimentale, il bacio d'amore.

CAPITOLO IV

DAL PRIMO ALL'ULTIMO, DALLA TERRA AL CIELO

Il primo bacio «non si scorda mai», dice un motivo popolare. Mai: fino alla morte. Uno dei più «onesti galantuomini» dell'Ottocento, Luigi Settembrini, credendosi condannato a morte, scrisse alla moglie: «Abbiti un bacio, simile al primo che ti diedi». Il primo: il migliore, l'unico, come se tutti gli altri, pochi o molti che fossero, contassero appena.

Si include quasi un peso liturgico in questo attribuire al primo bacio l'apoteosi subito spenta della brama romantica. Ciò che il primo bacio scatena sta tra il paradiso e l'inferno; è l'addio all'innocenza, ma anche la conquista di una conoscenza che, perdurando le pene dell'adolescenza, si riteneva pressoché inafferrabile. L'ideale romantico è l'iniziazione all'amore in quel primo contatto delle labbra (peccato che ne sia anche la conclusione).
Poi può venire anche la morte.

E che sia, il primo bacio, carico d'amore, altrimenti cosa conta? Francesca, secondo Dante, cede al famoso libro e a Paolo, quando questi

La bocca mi baciò tutto tremante,

e lo fa come se sconfessasse tutto il suo passato di donna e di moglie. Il primo bacio appartiene a Paolo, ed è quel bacio che, all'inferno, rincorrerà in eterno. E come non menzionare l'altro capostipite del miracolo del primo bacio, Romeo? Dopo aver toccato, palmo su palmo, la sua Giulietta, il giovane Montecchi si impossessa, svergina nel senso più assoluto, le labbra di lei, ma fa precedere l'atto dal verso «*Thus from my lips by thine my sin is purg'd* (Così le tue labbra purgano il mio peccato): il peccato è suo, di lui Romeo, e non solo perché lei è una Capuleti, ma perché il peccatore, il violatore, è l'uomo: la redenzione è sulle labbra della donna. Il primo bacio è tutto; l'ultimo, quello della morte, è la tragica negazione del primo.

Un bel bagaglio idealistico. E una trappola: una trappola creata dai poeti, che andrebbe tenuta solo nel rarefatto splendore del sogno, ma che invece ha infiltrato per secoli la coscienza degli uomini, dandogli, da giovani, l'illusione della completa felicità, da vecchi, il rimpianto per qualcosa che nella realtà non fu granché, altro che paradiso perduto.

Oggi, con buona pace dei neoromantici, il primo bacio fa un po' ridere. Cosa fu, dopotutto? Una faccenda impacciata, consumata con una ragazzina il cui nome ci sfugge, le bocche troppo chiuse o troppo spalancate, le lingue fuori causa o timidamente avanzate tra i denti; e c'era il problema dei nasi (dove diavolo metterli?), il pericolo dello scontro dei denti, la durata (smetto? continuo? e lei che dirà?), gli occhi chiusi (saranno chiusi anche i suoi? e se non lo fossero?), quel filo di saliva che rischiava di colare dall'angolo della bocca (ora mi prende per inesperto, accidenti). Oppure il primo bacio a labbra chiuse (conta? non conta? dopotutto non è gran cosa). E ancora: quello rubato in un gioco (lo ha dato a me ma lo ha dato anche agli altri, allora è una puttana), o addirittura il bacio pagato in contanti (non sapevo che le puttane baciano; forse le sono piaciuto).

Un gran pasticcio. Il Novecento è un secolo in cui si smarrisce quel po' di candore che aveva l'Ottocento. Il Romanticismo ha inquinato tutto perché ha preteso troppo.

Oggi poi, tranne ancora i neoromantici, il primo bacio vale poco. Ci se ne disfa al più presto, è scaduto al livello della verginità, è un fardello da gettare, pena l'irrisione o il morbo inconscio dell'inferiorità. Baciare? E cosa sarà mai? Prima si impara, meglio è. Segretamente, alcuni ambiscono a ritrovare le aspirazioni dei nonni, mentre fingono un grande liberalismo erotico, compreso quello del bacio. Romeo era un povero scemo. Giulietta si salva perché, da donna pratica, dopo avergli dato la bocca se lo porta a letto. Il vero romantico è lui. Una frana.

(E tuttavia, se anche al giorno d'oggi spuntasse un Romeo...).

E, dopo il primo bacio, la conquista del bacio «vero». Ha voglia la filosofia moderna

35

(Kierkegaard) a deriderlo come «un ininterrotto pesticciar di bocche»: da sempre il bacio d'amore è il *climax* della comunione dei corpi e degli animi. È il «nettare» latino, è il piacere che dà «la bocca dolcissima della donna» rinascimentale, quella dalle labbra «delicate come un giovane vino» di una ballata popolare rumena, quella che si apre «come mille fiori» per i francesi.

Nel bacio vero convergono di volta in volta, o tutti insieme, gli istinti primordiali, gli osanna all'Ideale, la forza dei sensi e naturalmente il simbolo della voluttà promessa. Don Giovanni (in Byron) guarda la luna con la donna della sera; poi gli amanti si baciano quando vedono «negli occhi dell'altro una luce saettante».

Altrove, lo stesso Byron dice:

... la forza di un bacio,
penso, è nella sua durata.

È certamente nella contrazione spasmodica che fonde, sia pure brevemente, due esseri umani. Un proverbio congolese mette «negli occhi e nella bocca tutto l'uomo», non nei suoi genitali, che pure si animano nel corso del bacio. De Musset forse esagera quando afferma che non c'è opera d'arte, né reputazione, che valga quanto un bacio d'amore. «L'oro non si può baciare», ribadisce una improvvisazione tedesca: la grande ricchezza della vita sta nel bacio. Come quella dell'amore: si può amare senza rapporto sessuale, ma senza baci? Per farlo, platonicamente o misticamente, bisogna essere un Alighieri o un sognatore d'altri tempi.

Eppure il bacio d'amore non è sempre il grande abbandono delle bocche; né i risultati che riporta sono sempre gli stessi. Margherita ricorda i baci ardenti di Faust, dice perfino: «Ah! morire alfine sui suoi baci!», ma si ha soprattutto l'impressione che sia il *ricordo* di essi a infiammarla. In un bosco mitologico un giovane innocente riceve un bacio che lo stravolge; poi mormora: «Quel bacio mi ha dato più pena di una puntura di vespa». Tuttavia ne vuole un altro, e poi dice: «Strano, insospettato dolore!».

Sopraggiunge una strana reazione: il polso gli batte forte, il cuore gli balza nel petto, e si sente soffocare. Nel bacio successivo il succhiare della lingua si fa imperioso; oppure le labbra succhiano un labbro solo, o i denti lo mordono. Si è ai confini della passione, come se volessimo far sparire nella bocca il corpo dell'amata; o come se la donna volesse divorare l'uomo, annullarlo nella voragine del sesso. Non c'è più tenerezza. *«Heu mihi rusticitas, non pudor ille fruit»*, dice Ovidio: il pudore è scomparso, ciò che resta somiglia più ai lazzi del clown che allo sbocciare della passione.

Di regola, però, questo crescendo è graduale e variato sulla «regola di Swinburne». Quando si dà il bacio vero, l'unione è reciproca, retta da una muta intesa. Il Rubicone della voluttà si passa, affermando il diritto al possesso, quando il desiderio abbatte ciò che di passivo resta ancora nel bacio.

I poeti non cantano solo il bacio sulla bocca, bensì quello «dalla testa ai piedi»; tra i versi si nasconde la lussuria. Mi chiedo per-

ché, perché in quest'altro canto si esaltino solo i genitali. Perché temere la glorificazione spontanea di ciò che dopotutto è il traguardo del bacio, il coito? La spiegazione è semplice: il bacio, anche il bacio d'amore, per quanto voluttuoso e ardente sia, conserva ancora l'antico messaggio della «risonanza degli spiriti».

È così che, nelle lettere d'amore, trovano posto le più estreme espressioni del desiderio, dalla fiorita allusione alla descrizione grafica, e di solito stimolano la libido; ma non colgono il segno dell'amore come i baci, compresi i baci epistolari. Heine sogna di trasformare in baci i suoi versi e deporli tutti «sulla guancia della mia donna». Poco importa che i francesi replichino: «Il bacio è un frutto che va colto sull'albero». Se dimentichiamo il presente, dobbiamo concludere che una volta i baci erano tanto astratti quanto concreti. Il che non li riduceva affatto a sublimazioni dell'atto sessuale: erano l'atto stesso.

È un passato remoto, che fa tenerezza? Forse. Oggi i baci d'amore si scambiano con disinvoltura, e non tanto (non ancora) in segreto come raccomandavano, tra gli altri, Catone, Plutarco e Clemente d'Alessandria. Si danno con una freschezza tutta nuova. Talvolta anche per esibizionismo. Fino a ieri si davano a forza, nell'ingenuità dell'adolescente che si ispira allo schermo (ma chi ce la fa a essere un altro Gary Cooper?), e anche in un eccesso di «machismo» contro la donna. Erano ingenuità che oggi assumono altre forme; del resto, non dimentichiamo che la donna «contratta» il bacio al pari dell'uomo.

Si dirà: il bacio è sempre stato bacio, la modernità non c'entra, ed è vero, ma solo in parte. Basta pensare alla curiosa distinzione tra baci legali e illegali compilata da un giurista tedesco circa novant'anni fa. A suo parere erano baci legali: i baci spirituali, di pace, conciliatori, di saluto, di cortesia, di rispetto, dati in occasione di festività e i baci d'amore, ma solo tra persone sposate, tra promessi sposi, tra genitori e figli, tra parenti e amici intimi. Erano invece illegali i baci dati con malizia o inganno e quelli *dettati dalla lussuria*.

Se il mondo fosse ancora questo, l'inedia prenderebbe il posto dell'amore.

Con l'accentuarsi della vita fisica, quanto valore hanno ancora i baci? Voglio dire: la sessualità ha diminuito la loro importanza? Vedremo più avanti quanto ha inciso su alcune generazioni il bacio cinematografico, mentre ha perso terreno quello letterario. Fino a non molto tempo fa un poeta suggeriva alla sua donna: «Promettimi nove baci, ma dammene otto e fammi lottare per il nono». Yeats rincara la dose:

Never give all the heart, for love
Will hardly seem worth thinking of
To passionate women if it seems
Certain, and they never dream
That it fades out from kiss to kiss.

Liberamente tradotti, questi versi dicono: «Mai dare il cuore intero, ché alle donne appassionate l'amore sembra perdere di valore se appare certo, mentre non si sognano nemmeno che svanisce di bacio in bacio».

Yeats era uno scettico, ma la questione ci interessa poco, giacché oggi preferiamo la franchezza, anche quando sfida la morte dell'amore.

Il bacio d'amore resiste, anzi rinasce con ogni nuovo raccolto di bocche giovani. La ragazza, oggi, non intende più dire: «Costringimi, che io non abbia a commettere peccato». (La ragazza, semmai, spesso apostrofa così il ragazzo: «Vuoi scopare?»). Il peccato, per fortuna, si è rifugiato nelle chiese. Ma mentre escono sempre più della scena contemporanea le esuberanze della generazione di ieri, e i *punk* pensano più alla svestizione della Bellezza che ai baci, molte cose (certo cinema, i romanzi rosa divorati così in fretta, la televisione della quotidiana telenovela) fanno supporre che sotto sotto covi ancora il desiderio di ridare all'Amore (al bacio, dunque) il posto che gli spetta nella storia del mondo.

La magia si è dileguata, la tecnica ha preso il suo posto. Fino a ieri. Oggi si hanno forti indicazioni che quella magia sia ancora il lievito segreto che fa sbocciare un po' di poesia. La quantità non ha intaccato la qualità di un antico costume: ne sa qualcosa chi, nonostante tutte le affermazioni del contrario, muore ancora d'amore — e sogna il bacio vero.

Quando le due maggiori componenti del bacio, quella mistica e quella sensuale, si fanno da parte, ne compare una più mite, più parca, misurata e spesso controllata: si ha il bacio dell'affetto, che stando nel mezzo dei due estremi, ne elimina l'assolutismo. L'affetto ha vita a sé, ma a volte completa l'amore, lo compenetra, gli dà riposo, lo nutre di stabilità. L'affetto non conosce le vette della passione, infatti è impastato di quotidiano, di regolare: si esprime con tenerezza. Inoltre, essendo più affine all'amore che alla vita dello spirito, non compare mai nelle vette della religiosità.

Specialmente in certa letteratura anglosassone (Fielding, Hardy, Twain) l'apice del matrimonio si raggiunge quando l'uomo e la donna «vivono bene insieme» (la parola è *comfortably*). Si scambiano ancora baci, ma affettuosamente: il loro è un bacio leggero, posato sui capelli, sulla fronte, sugli occhi, sulle mani, o anche sulle labbra, ma raramente con passione.

Uno stato di continua passione, a lungo andare, fa sorridere.

Ma altre coppie, anche quelle ancora invischiate nell'esuberanza del sentimento che le unisce, se ne servono spesso, quasi per ritemprare i sensi o per dimostrare al partner che non tutto comincia e finisce lì, nello spacco segreto della carne. Il bacio affettuoso, allora, si fa più solido del bacio d'amore: è come un giuramento ripetuto, uno scegliere di essere lì, con l'altro, per nessuna ragione divampante, ma proprio perché è ciò che vogliamo. Curiosamente, la profondità del sentimento — quando si manifesta così — mette in disparte la febbre dei sensi. Essa evoca addirittura il moto paterno o materno che, per quanto nascosto, è presente nell'amore completo. Un bacio, dunque, di deliziosa fattura!

È con questo bacio, tra l'altro, che venia-
mo al mondo e viviamo i primi anni. Il poeta tedesco Ludwig Hölty, addirittura, raffi-
gura così la vita:

Dar baci, strappar baci,
È questo che tiene occupato il mondo,

fin dall'inizio: fin da quando il bambino è
in culla e gli adulti gli comunicano la gioia
di averlo tra loro e lo ricoprono di baci: baci
affettuosi, scoppiettanti, sonori, baci sulle
guance, sulla testa, sulle piccole mani, sulle
gambe, fino ai piedi grassocci e informi.
Questi baci, si dice, lo viziano: in realtà lo
rassicurano, sono il massimo contatto col
mondo che a quella vulnerabile età gli è
consentito.
L'avidità con cui genitori e parenti lo baciano potrebbe anche avere un «risvolto» sensuale: la carne del bambino è la più intocca-
ta. Ma la cosa è secondaria: la tempesta di
baci che si abbatte su lui gli prova di non essere solo al mondo.
    È quanto cercava di sapere fin dal mo-
mento del distacco dalla madre. Infatti qual
è la prima azione che compiamo quando ci
affacciamo sulla misteriosa dimensione del
dopo-parto? Cerchiamo il capezzolo materno, che ci mettiamo a succhiare avidamente,
quasi per dimenticare il perduto «paradiso»
del grembo.
    L'allattamento è un bacio, il più puro che
esiste. Il bambino cerca istintivamente la vita nel seno della madre, la donna continua a
dargliela come gliel'ha data per nove mesi.
È un piccolo miracolo il cui scopo è la difesa

La Madonna del latte *di Ambrogio Lorenzetti*
(Siena, Seminario): una rappresentazione
altissima — ed esatta — del profondo
e complesso gioco di relazioni tra la madre
e il bambino durante l'allattamento.

della specie, non c'è dubbio; ma il «tranello» imbastito dalla Natura è nel piacere che il bambino prova nell'atto. Anche a non voler scomodare Freud, è chiaro che qui entrano in gioco forze sotterranee che più tardi formeranno l'inconscio dell'essere umano.

È comunque la bocca che cementa l'unione. E non solo la bocca del neonato. A partire dagli antichi fino ai nostri giorni (ieri, se non oggi) il grande rito dell'alimentazione (a cui qualche studioso vorrebbe far risalire addirittura l'«invenzione» del bacio) vede impegnata anche la bocca della madre: nella masticazione del cibo che, dopo la fase dell'allattamento, passa dalla bocca della madre a quella del figlio, nell'assaggio preventivo a cui lei sottopone la «pappa» di lui.

Quando poi spunta nel bambino la coscienza (quando, cioè, si comincia a impadronire del mondo che lo circonda), allora sì che comincia la girandola dell'affetto! A baciare affettuosamente si impara presto, e senza secondi fini, anche se i genitori ci proteggono da questa curiosa promiscuità, magari appuntandoci sul petto (sul bavaglio o in una spilla), la scritta «Non baciatemi». Il bacio affettuoso resta per sempre il termometro delle vicende disinteressate dell'animo. Esso non è, come il bacio d'amore, la prefazione di qualcosa, la promessa di altro: è compiuto in sé, integro, senza sviluppo e, generalmente, breve.

Così si baciano il padre e la madre. Si baciano, ma con minore resistenza e con maggiore complicità mentale, i fratelli e le sorelle. Di solito ci si lascia baciare (quando cominciamo a crescere) dai parenti. E, finalmente, il bacio affettuoso si riserva agli amici, dello stesso o dell'altro sesso. Jane Taylor scriveva all'inizio dell'Ottocento: «Chi corre ad aiutarmi quando cado? E chi mi dice subito una favola o mi bacia dove mi sono fatta male? La mamma».

Più tardi il compito di confortare passa ai coetanei, che, anche se non se sanno di più, possono capire l'entità del «guasto» operato dalla vita. Gli amici diventano importanti. Così si baciano. Non subito, non durante l'infanzia e l'adolescenza, quando il pudore frena e si affaccia la sessualità che complica tutto, ma dopo, quando si è varcata la soglia della famiglia e gli amici si possono abbracciare e baciare.

La moda oggi vuole che ci si baci anche troppo: su una guancia come fanno gli anglosassoni, su due come fanno i latini, sulla bocca come fanno i russi; e non sempre spinti dall'affetto. In questo caso, il bacio appartiene a un'altra categoria, quella del cerimoniale, in cui rientra anche il baciamano alle signore.

L'affetto vero si esprime dopo una lunga assenza, o quando è l'intimità dell'amicizia a consentirlo. Anche se le labbra non si posano da nessuna parte, le guance si toccano: basta. Questo bacio si stempera invece nella tarda età, quando i corpi si evitano discretamente e bastano gli sguardi, una parola.

È una lunga, resistente parabola, questa del bacio affettuoso, più lunga e resistente di quella del bacio d'amore, forse perché è meno esposta alle intemperie della passione.

E ha anch'essa pagine memorabili. Ettore, dopo aver detto addio ad Andromaca, si toglie l'elmo e solleva il figlio tra le braccia, per baciarlo. È un bacio che lascerà il segno: ha una potenza taumaturgica. È probabilmente, questo del padre o della madre al figlio, il più forte di tutti.

Torna il figliol prodigo (Luca) e il padre lo bacia. Torna Ulisse alla sua terra e lo baciano i pastori. Un poema epico francese narra il ritorno a corte di Girart de Roussillon, e la regina-madre lo bacia. Perfino Luigi XVI, quando l'amico de Malesherbes lo difende, corre a baciarlo. San Martino bacia i lebbrosi, come fa San Francesco, per dar loro il segno di un bene prezioso, l'affetto. È certamente il trionfo dell'affetto quando il bacio, in tante tradizioni popolari, viene usato contro la stregoneria. La figlia del signore di Estmereland, in una ballata scozzese, è stata trasformata in serpente dalla matrigna; ma arriva Kempion, figlio del re, la bacia tre volte e la restituisce al suo corpo umano. E cosa fa l'Orlando del Boiardo? Scopre una tomba, si trova davanti anche lui un serpente, ma lo bacia e la donna è salva. La donna non è da meno. In tutte le versioni de «la bella e la bestia», è lei che trasforma la bestia in principe azzurro.

Il *fier baiser* della letteratura francese, emigrato in mezzo mondo, è in effetti un bacio affettuoso: il trionfo del sentimento della compassione umana sulla realtà più nauseante.

Questo bacio, pressoché estinto negli anni più tardi, si riaccende nella morte. Anche se non è propriamente un bacio affettuoso, quello del Signore in cui ci si addormenta alla morte, è stato probabilmente inventato per il bisogno di concepire l'Affetto massimo. Giuseppe, nella Genesi, bacia il padre appena morto; e la tradizione continua. Il suocero e successore di Maometto, Abu Bekr, non esita a baciarlo da morto. Ovidio si dispera perché alla sua morte non sarà la moglie a baciarlo.

È però soprattutto nella vita che si spande il bacio affettuoso. Gli ebrei ortodossi, quando si incontrano, si baciano sulla testa, sulle mani e sulle spalle. Fu in nome dell'amicizia che Giuda baciò Gesù, ma per il tradimento oggi ci sono altri mezzi. Con i romani antichi abbiamo in comune l'abitudine di lavarci bene la bocca, in vista del bacio. In certe regioni, tornare a casa dopo lunghi anni di assenza significa ricevere «più baci di quanti ne dette Lesbia a Catullo» (di-

ce Marziale). Che puritano prima del tempo doveva essere Tiberio, che proibì le *cotidiana oscula* o baci quotidiani!

Il baciarsi d'altri tempi, tuttavia, non era come quello nostro tra amici. Montaigne riferisce che alle feste invitati e padroni di casa si baciavano tutti, all'arrivo e alla partenza. Come noi? No: allora si baciavano *sulla bocca*, e Montaigne si lamenta che «per baciare tre bocche belle, anche solo in segno d'amicizia, devo sorbirmene quarantasette brutte e sdentate». Dello stesso parere è, a più riprese, La Bruyère, mentre Erasmo da Rotterdam, in visita a Londra, si compiace dell'abitudine di «scambiarsi baci ogni momento, anche tra estranei, come propiziazione dell'amicizia».

Il costume, poi, emigrò in America, e oggi sta facendo il giro del mondo. Il bacio affettuoso è l'offerta di una vita conciliante. Solo gli *arrière pensée* possono, come spesso accade, rovinarne la tenuta.

Se nel bacio affettuoso la presenza della sensualità, e forse della sessualità, non è del tutto scomparsa, essa invece manca totalmente in una serie pressoché sconfinata di baci che rappresentano omaggio, rispetto, riverenza, ossequio, religiosità, spiritualità, e che per questo possiamo considerare baci simbolici: più che il contatto delle labbra, essi portano nel «codice cifrato» del bacio un messaggio della mente.

Si baciano, in questo contesto, i piedi del papa e, in un trasporto dell'animo, gli elementi naturali; si baciano le effigi di persone, le reliquie della santità, le mani dei po-

tenti, le mani (altrettanto potenti, ma in maniera diversa) delle donne, certe statue; si baciano (o si baciavano) i mezzi della punizione, le più oscure parti anatomiche, l'oggetto della penitenza; si bacia, simbolicamente, il pane.

È tutto un ricorrere al bacio per pronunciare parole non dette o indicibili, un affidarsi al contenuto mistico della «genuflessione delle labbra» come per mantenere un voto, o per farne uno, o per riscattarsi. La natura carnale del bacio è assente, anche se certe sante baciano il crocifisso con veemenza orgasmica.

È l'altra corrente primordiale del bacio, diffusa quanto il bacio d'amore. La risonanza più maestosa si ha nel cosidetto bacio di pace, oggi presente nella liturgia e dato nella messa solenne tra l'Agnus Dei e la comunione, dal celebrante al diacono, che a sua volta lo dà agli altri chierici con le parole: «Pax tecum», la pace sia con te. Sono parole pronunciate da Cristo, dopodiché gli apostoli si baciarono. Questo bacio, detto anche bacio sacro, è penetrato in quasi tutto il rituale della Chiesa (il bacio al piede del papa viene invece dall'Oriente, rafforzato dai cerimoniali della tarda romanità): nel battesimo, nella confessione, nel rito nuziale, nell'ordinazione sacerdotale, nelle esequie.

Nell'evoluzione del cristianesimo, a un certo momento la santità del bacio di pace era tale che i fedeli si baciavano l'un l'altro. Ne nacque una gran confusione, anche qualche scandalo, per cui la Chiesa stabilì la netta separazione tra donne e uomini, quando si trattava di baciarsi. L'usanza fu poi sostituita con la *tabella pacis*, da cui deriva l'attuale cassetta per le offerte.

Nel Medioevo i guerrieri si scambiavano il bacio di pace prima della battaglia e, a cose fatte, tra vinti e vincitori. Ma ebbe poca durata: si mutò nel *baiser de Lamourette*, con cui i francesi si riferiscono al tentativo fallito di un membro dell'Assemblea di risolvere una disputa con un mucchio di baci. Solo nei *Promessi sposi* questo bacio acquista (con la figura di Fra Cristoforo) la piena compassione umana che dovrebbe esprimere.

Più spontanei e duraturi sono i baci che significano rispetto, ammirazione, devozione. Vi rientrano i baci dati agli dei, alle loro statue, ai loro altari, così come ai conquistatori, agli eroi, agli imperatori, ai re. La barba dell'Ercole di Agrigento (Cicerone) finì per consumarsi per i baci dei devoti. Gli apostoli e i discepoli baciavano Dio in Cristo. I cristiani baciarono i santi, i vescovi, i preti, le cui mani si baciano ancora. E se non quelle, i santini. Il rituale continua.

Non ha più il potere magico che arrise a Giovanni di Antiochia che, dopo aver baciato l'effige della Madonna, ne ricavò grande saggezza ed eloquenza; ma mette in pace con se stessi. Non altrettanto si può dire di chi ha baciato il piede destro di San Pietro in Vaticano, ridotto all'osso.

La nipote di Pascal, invece, fu guarita di una malattia agli occhi dopo aver baciato una spina della corona di Cristo.

Siamo nella dimensione dell'inverosimi-

L'Adorazione dei Magi *di Michelino da Besozzo (Avignone, Bibliothèque Municipale): l'omaggio e il riconoscimento di un potere più alto, il potere del «Re del Mondo».*

le, delle statue che piangono, dei miracoli di Lourdes, del battere i ginocchi per terra. Data l'avanzata verso l'era spaziale, dovremmo essercene liberati: sono frange storiche, sopravvivenze, come il toccar ferro. Ma non è così. La «liturgia del bacio» continua: il mondo è ancora nella sua infanzia.

D'altra parte non si può negare al bacio simbolico la funzione di sostegno morale. Il guaio sorge quando a essa si sostituisce un surrogato di bassa lega. La lusinga moderna, per esempio, si esprime col bacio solo nella galanteria considerata *passée* (il baciamano non erotico). All'umiltà è subentrata la falsa riverenza: un po' come una volta la gente leccava letteralmente la terra al passaggio del re. Caligola si faceva leccare i piedi: il Caligola moderno si fa adulare.

In un modo o nell'altro, in azione è sempre la lingua. Satana, in forma di gatto o di capra, veniva baciato *in ano*, come facevano (o fanno, non so) i neofiti di certe sette segrete. *Lingere culum*. Del resto la parola *osculum* contiene il termine *os* (bocca) e *cu lum*, che sappiamo cos'è.

Baiser le cul de la vieille è il colmo dell'ignominia, ma risale anch'esso al culto dell'asservimento, in effetti al bacio simbolico.

Quando invece questo bacio si rivolge alla natura, si tratta di venerare cose più grandi di noi. La letteratura ne è piena. Sul sepolcro di Selvaggia, Cino da Pistoia canta:

Io fui 'n su l'alto e 'n sul beato monte,
ch'i' adorai baciando il santo sasso.

La Natura è presente: la tomba si confonde con la possanza della montagna. Molto più tardi, ma guardando indietro, Ugo Foscolo rintraccia un altro «talismano»: «Baciò la sua petrosa Itaca Ulisse». E Shelley: *«See the mountains kiss high Heaven»*, vedi le montagne baciare il Cielo.

Molla di tutto questo è l'amore, un amore che accoglie in sé la vita. Herrick bacia «l'aria che ha baciato te». E ancora Shelley, alla Notte: «Baciala finché è stanca». L'amore per una donna si confonde con lo struggimento che procura il mondo naturale. È un modo (ancora) per combattere la finitezza umana. «Rendimi immortale con un bacio», supplica Marlowe alla sua donna.

Sotto il simbolismo delle labbra cadono altri riti. Il bacio costituisce suggello di certe obbligazioni in molti statuti comunali; diventa giuramento nel Medioevo, o diritto ai beni dopo gli sponsali. Una volta cancellava la vendetta, e i bestemmiatori e i sacrileghi dovevano baciare la terra, per punizione. Il diritto di baciare la sposa rientra nei costumi più antichi, come quello dei giovani scapoli convenuti di sollevarle la gonna e toglierle la giarrettiera. Non è vero, allora, che è tutto un gran baciarsi, in segreto o pubblicamente, con pudore o sventatamente, per burla o per amore, in letizia o in gran tragedia, per il presente e per il futuro? Non è forse così, con questo «pesticciar di baci» che il genere umano non vuole che si faccia subito sera? Se sapessimo che domani ci scaraventano addosso la bomba atomica, in quale atto vorremmo essere colti dal flagello?

CAPITOLO V

IL BACIO NELLE ARTI

Stimolato dall'amore o dalla promessa dell'amore, incitato all'audacia della conquista, evocato dall'espansione affettuosa, dalla galanteria, dal rispetto, dalla venerazione; e chiamato spesso a testimoniare, a rappresentare, a far da simbolo all'inconfessabile, o da prefazione al piacere, il bacio pervade la storia del genere umano al pari delle battaglie, dei cicli religiosi, delle rivoluzioni, delle invenzioni. Si direbbe poi che all'*immagine* del bacio gli esseri umani abbiano spesso affidato il compito di documentare la loro storia, riscattandone così l'effimera realtà.

Tutto questo impegna soprattutto le arti: si fa parola, disegno, colore, fotogramma. La danza stessa gli presta il passo, in maniera allusiva; e ancora più impercettibile, ammaliante, è la risonanza del bacio nella musica. Mentre uomini e donne si uniscono nel bacio, con le labbra o per lettera o al telefono, poeti e prosatori, pittori e scultori, attori di teatro e di cinema, danzatori e musicisti ricreano la loro impalpabile ansietà.

Abbiamo visto, nelle pagine che ci hanno condotto fin qui, con quanta estrosità i poeti si prestino a rifinire un concetto, dare armonia al primo incresparsi dei sensi. Dante, Shakespeare, Byron, Yeats, Shelley, Foscolo, Heine, e potremmo aggiungere Leopardi, Baudelaire, Rimbaud, Whitman, fino ai nostri giorni, Montale, Eluard, Ginsberg, sono centinaia le voci che hanno composto squisite armonie in nome dell'amore. L'amore è diluito nella nostra storia come se ne fosse la linfa. È perfino nascosto nei versi

e nelle pagine di mille ignoti, ed è spesso la sostanza che ingaggia in duelli verbali cantori occasionali: in ballate, canzoni, romanze popolari, stornellate amorose di tutte le terre, di tutte le epoche.

Ma il passato è una cosa, il presente un'altra. L'amore, nel nostro tempo, respinge sempre più frequentemente l'eredità romantica; e il bacio ne fa le spese. Dopo D.H. Lawrence, che spasimava alla sua maniera, i suoi epigoni — Gênet, Henry Miller, la stessa Anaïs Nin — hanno optato per una letteratura franca, iperrealistica, dove scompaiono le argute trame ridanciane di una volta, lasciando sbrigliata solo la sessualità più grafica, più imbevuta di magma biologico. Il bacio, stando a questi propulsori del cottimo sessuale, non esiste più. O, se esiste, è una bruciante intrusione: né premessa né promessa, ma proprio una cosa che si preferisce non fare. Charles Bukowski, massimo rappresentante di questa tendenza, passa da un coito all'altro con la fretta di chi non sa nemmeno che una bocca è fatta anche per baciare. Per esempio scrive:

Vidi un lembo di mutandine; poi le strappai il vestito, le feci a pezzi il reggiseno. M'impossessai di una tetta. Un'altra. Erano abbondanti. Baciai e succhiai quelle cose. Poi la strinsi finché lei urlò, e mentre urlava, le schiacciai la bocca con la bocca, facendole ingoiare il grido.

Non intendo con questo presentare il bacio «moderno». Non lo è. È però *l'immagine* letteraria di un certo modo di sbattere il bacio tra le cose inutili. Un non-bacio: una co-

Amore e Psiche (part.); copia da Canova. Como, Villa Carlotta.

sa di cui è intrisa la narrativa di oggi. Il che non deve apparire un giudizio del tutto negativo: la vita, l'amore stesso, forse hanno bisogno di essere narrati così.

Eppoi non tutto è così grigio. Mentre si esplora con vigore ciò che una volta era tabù, l'unione sessuale, fino a creare un labirinto di cronache intime tra l'erotico e il pornografico, esiste ancora (i revival non nascono dal nulla) un bagaglio diverso che ci portiamo dentro a nostra insaputa.

Penso, per esempio, a come Anna Frank descrive il suo primo bacio, in una lettera datata non troppi anni fa:

Mi carezzava sulle guance e sulle braccia, un po' goffamente, giocava con i miei capelli, e le nostre teste continuavano a toccarsi. Non so descrivere la sensazione che non mi abbandonava. Ero così felice che non potevo parlare; anche lui, credo. Ci alzammo verso le otto e mezzo. Per non far rumore, Peter si tolse le scarpe. Come accadde, improvvisamente, non so, ma prima di andare dabbasso, mi baciò. Nei capelli, su mezza guancia, su un orecchio. Mi precipitai giù senza guardarmi intorno, e ora non vedo l'ora di arrivare a stasera.

Non è nemmeno un vero bacio, ma quanta emozione! Viene in mente un altro momento simile, descritto da Nabokov:

Un giorno, mentre eravamo piegati su una stella di mare e i suoi capelli mi solleticavano l'orecchio, Colette si voltò improvvisamente verso di me e mi baciò sulla guancia. Fui preso da una tale emozione che tutto quello che mi riuscì di dire fu: «Scimmia».

Secondo me queste candide intrusioni nutrono ancora l'anima contemporanea, checché ne pensi Bukowski. Lo stesso Nabokov, nelle vesti di Humbert Humbert, si abbandona a un bacio che per il vecchio ingordo è una specie di primo bacio, quando ricorda Lolita:

Non osando baciarla veramente, le toccai le calde labbra socchiuse con la massima compassione,

Delizie galanti del XVIII secolo. Ovvero, quando ci si bacia pensando ad altro... Il secolo libertino e glaciale non tiene in gran conto il bacio (e nemmeno le emozioni in realtà) Queste illustrazioni — per altro davvero deliziose — ornavano romanzi, novelle, poemi e spirano lo stesso distacco, l'identica freddezza dei testi che illustrano. L'amore nella Francia dixhuitième era occasione di filosofia, di chiacchiera, di maldicenza, quasi mai di sensi e di passione... Manon insegni.

a piccoli sorsi, niente di salace; ma lei, con mossa impaziente, premette la bocca sulla mia con tale forza che le sentii subito i grandi denti davanti e condivisi il sapore di menta della sua saliva.

Siamo alle soglie dell'inganno che è il gioco dell'amore, quando è solo gioco.

Dobbiamo chiederci: non è forse tutto un gioco? Intendo la letteratura: gioco come pura invenzione, immagine stravolta della vita, con una sua dimensione, regole sue, ugualmente protesa alla creazione di un momento irripetibile ma ricca di un'altra ricchezza, parole in luogo di sensazioni. La poesia suggerisce l'indicibile. Penso ancora a Pavese. «Verrà la morte e avrà i tuoi occhi». La morte non ha occhi, e la donna amata non è la morte. Eppure, quelle parole infrangono la logica: sono poesia. Non è forse poesia il bacio?

L'americano Vonnegut dà un titolo suggestivo, «Lungo cammino verso il sempre», al racconto di un giovane soldato che, saputo che la ragazza amata sta per sposare un altro, lascia la caserma, si precipita da lei prima che sia troppo tardi e, baciandola, la costringe all'amore, ricambiato con stupore. È una favola, ma non tocca anch'essa una corda contemporanea?

Se la realtà non perdona, la letteratura compie il miracolo. Barbara, creatura di Brancati, «ruba» ad Antonio un bacio che per lui vale più di tutti gli amplessi:

Poiché gli altri erano ancora lontani, gli buttò le braccia al collo, e per la prima volta fu lei ad avvicinargli la bocca alla bocca e a dargli un lungo bacio.
«Caro, caro!» ripeteva «Caro!»
La luce che aveva colpito gli occhi di Antonio, mentre Barbara lo baciava con un fiato ora freddo ora caldo, ora spento come se il petto le si fosse fermato, ora ansimante come nell'affanno di una gioia intollerabile, si confuse nel suo ricordo con la felicità stessa...

Naturalmente, prosa e poesia non si sono dedicate al bacio solo per trarne soluzioni liete. Se potessimo radunare tutte le cose scritte sull'amore e sul bacio dacché mondo è mondo (il compito, presto, toccherà a un computer), constateremmo che la letteratura ha ricreato *tutto*, tutti i significati di tutti i moti d'amore, vissuti e immaginati. L'uomo, attraverso l'arte, non si dimentica.

Christina Rossetti ci riporta all'alba della vita:

Il mio bambino ha un pugno solcato di vene,
Ha un collo pieno di pieghe,
Il mio bambino bacia ed è baciato,
Perché proprio per i baci è nato.

A cui subentra l'immediata scoperta che non tutti gli altri sono uguali. Scriveva John Crowe Ransom nel 1927:

Un bacio dette alla madre
Solo uno piccolo ne dette al padre
Che di lei avrebbe baciato i capelli ad uno ad
                                          uno;
E al fratello, niente.

E come non ricordare Proust? «La mia sola consolazione, quando salivo per coricarmi, era che la mamma venisse a darmi un bacio non appena fossi stato a letto. Ma quel ''buona notte'' era di così breve durata...».

L'età dell'uomo procede sulle sue labbra. È lì che arrivano i primi palpiti (l'epopea adolescenziale decritta da tanti: Pratolini, Moravia, Salinger...), lì che a poco a poco il bruciante desiderio si rarefà nella prima conquista. Fitzgerald creò Anthony Patch all'avvento dell'Età del Jazz, quando la donna si emancipava, le gonne salivano sopra il ginocchio, si ballava il charleston e si beveva alcool in fumosi locali; ma lo descrisse ebbro di sentimento:

Gustav Klimt: *Amore (Il bacio)*, 1895. Vienna, Historische Museum.

Che bacio! Come un fiore contro il volto, da non potersi descrivere, da ricordare appena; come se la bellezza di lei emanasse effluvii di sé in maniera transitoria, che già si dissolveva nel cuore di lui...

Gli fa eco Cummings:

... la tua mente è entrata
nel mio bacio estraneo
nelle strade e nei colori della città.

È il grande romanticismo di ieri, che conosce il piacere solo quando lo conduce alla dissoluzione tragica dell'amore. Su esso si è formata tutta una generazione.

Un'altra si è formata sul bacio non vissuto. Aschenbach di Mann crede di vedere un sorriso sulle labbra del giovane Tadzio, e lo trasforma subito in bacio segreto, esclusivo, più evanescente dell'aria e meno corrotto dei sensi: «le labbra solo leggermente contratte, forse consapevole a metà della propria follia nel tentare di baciare le fredde labbra della sua ombra...».

Si riaffaccia il sospetto del gioco. È un vero baciarsi o la proiezione di ciò che il bacio dovrebbe essere e non è? Siamo nella dimensione del bacio intellettuale, frequente nella vita come nella letteratura. D'Annunzio, sacerdote del piacere, finge di abbandonarsi alla voluttà del bacio, ma mentre lo fa e descrive le bocche coinvolte, riflette su «due quattrocentisti» (Botticelli e Leonardo) che «compresero e resero per vario modo nell'arte loro tutta l'indefinibile seduzione di tali bocche». La seduzione si è fatta polare, fredda. Quanto più genuina è l'espansione di

un Thomas Wolfe, scrittore incontrollato sempre, artificioso mai, quando narra:

Gli buttava le braccia al collo e lo baciava furiosamente, gli si buttava accanto sulla branda e astutamente gli si stendeva contro il corpo, con la sua lucente, piccola faccia felice, insaziabile di baci, desiderosa di essere coperta di mille baci. Era fresca come un mattino, tenera come un frutto, e così irresistibile che lui sentiva di poterla divorare in un istante e seppellirla per sempre nella sua carne.

Il pensiero qui, non partecipa: anche le parole sono fiati. Scrive Colette:

Ad un tratto cambiano, non riconosco più il bacio, che si anima, insiste, si schiaccia e si riprende, diviene mobile, ritmato, poi si ferma come per aspettare una risposta che non viene...

Siamo in piena passione: tra poco arriva il «sì, sì» joyciano.

Ma c'è, nel bacio letterario, una cadenza più dolce, più serena, quella che Omero consegna saggiamente a Ulisse, quando Penelope lo riconosce finalmente, e lo bacia, scongiurandolo di perdonarla per non averlo baciato subito così. È la cadenza di una solida fedeltà, i cui baci si susseguono con la lentezza dei giorni, mai troppo avidi, ma mai introvabili. Gli stessi baci che Katherine Mansfield descrive così:

Uno di quei baci che non solo mettono a letto la nostra sofferenza, ma la cullano, la scaldano, la rincalzano, avvolgendola ben bene finché non dorme profondamente. Ah! Che bella cosa è questa.

La letteratura ha compreso tutto. È la finzione della vita, la finzione della finzione, come confessa Rostand quando fa dire al suo Cyrano de Bergerac:

Baiser, le mot est doux!

«La parola è dolce», la parola del poeta, il *bacio*, che racchiude forse più segreti dell'altro celebre verso di Cyrano: «Un apostrofo rosa tra le parole t'amo». Quante definizioni ha cercato la letteratura di tutti i tempi! E quante ne ha create. Il bacio? «È la carezza di una fiamma», dice Victor Hugo. «È la bellezza entro cui si perdono i miei sensi», aggiunge Emerson. Per Dylan Thomas è «il mare del cuore che annuncia la marea».

I prosatori non sono da meno. Cechov, nel racconto *Il bacio*, dà al povero ufficiale Riabovitch l'illusione che lo accompagnerà tutta la vita: «Anche se fosse avvenuto il peggio — si consolò — se non l'avesse più vista, sarebbe ancora passato per quella stanza, avrebbe ricordato il bacio...». Il bacio è la vita, è lo scongiuro contro la morte. Dalle più alte cime dell'ispirazione letteraria, giù giù fino al romanzo popolare e d'appendice (l'esagitato Alfonso di Carolina Invernizio ne *Il bacio di una morta*, sfida la morte quando bacia il corpo freddo di Clara), il bacio è il rito che tutto può: una magia, un modo di combattere la caducità umana.

Vien voglia di risentire la cadenza di un poeta nostrano, Mario Luzi, quando con altri scopi confessa: «Non ho altro che questa tenerezza disarmata». È un'arma formidabile, poiché se è vero che abbiamo ormai tolto ai poeti l'esclusiva delle labbra-petalo (e ai prosatori quella delle labbra-sinfonia), è anche vero che se vogliamo esprimere l'inesprimibile, le rare volte che vogliamo ancora farlo, dobbiamo ricorrere a loro, che sfidano per conto nostro la fragile memoria dei nostri momenti migliori (o peggiori).

Altrettanto non si può dire dell'arte, della pittura e della scultura, che sorprendentemente hanno còlto e fermato nel tempo, anch'esse, tutte o quasi tutte le nostre passioni, compreso l'amore, ma non il bacio. Il bacio vero, due bocche e due corpi uniti, in arte è una relativa rarità. Eppure pittura e

scultura hanno dedicato opere immortali ai sensi, al sesso, al piacere, alla bellezza, al trionfo della carne. Il bacio compare occasionalmente: nel suo aspetto simbolico è sopraffatto dal rituale, in quello amoroso cede il passo alla bellezza e, nell'arte erotica, all'amplesso; in quello affettuoso scade a lavoro quasi sempre dozzinale. Il bacio nell'arte? È un mistero.

Partendo da un momento a noi vicino, Giotto sembra essere il primo, come in molte altre cose, a dare alla pittura il mezzo espressivo che ci interessa. Gioacchino e Anna, genitori della Vergine, si abbracciano quando lui torna dopo aver passato quaranta giorni nel deserto. E si baciano: è il bacio più tenero e affettuoso della storia dell'arte, lei che gli prende il viso tra le mani, lui che la cinge alle spalle. Circa quindici anni più tardi Giotto dipinse un altro bacio, un frate che sfiora con le labbra la mano di San Francesco appena defunto: la sacralità del gesto è pari all'umanità dei personaggi.

Ma per quasi due secoli il Rinascimento trascura il nostro soggetto. La profonda religiosità del periodo non spiega il fenomeno. Botticelli e Leonardo, invocati da D'Annunzio, sono solo due tra i tanti artisti che espressero un concetto di Bellezza: ma nemmeno nelle loro tele compare il bacio. Bisogna arrivare al Cinquecento per trovare qualcuno capace di farlo.

Bosch, nel grande paesaggio del *Trittico delle delizie* confina nell'angolo più basso il bacio che un uomo nudo riceve da un animale, un maiale con un copricapo da mona-

Bronzino: *Allegoria*. Londra, National Gallery.

ca: il secolo non si poteva annunciare con un simbolo più nauseante. Nella *Danza paesana* Bruegel coglie il bacio goffo di due grassi contadini. La Bellezza, nei due dipinti, è tenuta in disparte.

Tocca al Correggio, nel 1530, il compito di ricordarci che siamo umani anche nelle labbra. In *Giove e Io* l'artista porta in primo piano la luminosa bellezza femminile: il corpo è nudo, la testa è magnifica, le labbra sono dischiuse nell'offerta più appassionata. Poco importa che a baciarle sia un dio nascosto tra le nuvole: ha un volto d'uomo, e l'amore prevale. Il predominio sensuale della donna è evidente: la donna *permette* il bacio all'uomo che la riconosce dea dell'amore. Qui e nei secoli seguenti le porte del piacere si aprono all'uomo.

Una simbologia simile si rileva nell'*Allegoria* che il Bronzino eseguì nel 1545 per Francesco I, su commissione di Cosimo de' Medici. Cupido si «impossessa» della donna nuda, la bacia lievemente, l'afferra ai capelli, le tocca un seno stringendo il capezzolo tra le dita; ma è lei che trionfa nella luce della sua carne.

Quando compare l'uomo e i due amanti sono nudi su uno splendido letto (Giulio Romano), il bacio appare esitante, come se la passione avesse fretta di consumarsi. Quante volte, nei dipinti dell'epoca, Venere si svela bruciante d'amore, senza mai concedersi al bacio? Tiziano, Giorgione e tutti i grandi del secolo spogliano la donna, e talvolta l'uomo e alludono all'amore (la più bella Venere nuda del Tiziano offre tutta se

stessa), ma nessuno coglie — o vuole cogliere — l'irripetibilità del bacio.

Bisogna fare un salto di un altro secolo per scoprire che le bocche annunciano l'unione carnale. Ma come? Rubens, nella *Festa di Venere*, mostra il bacio di due amorini e quello di un satiro e di una ragazza nuda. Ma è il trionfo orgiastico della Natura piena, della sessualità che ride del bacio.

Subentra l'etica del connubio sanzionato: la società non permette scorribande nell'instabilità degli umori amorosi. Fragonard dipinge (in più versioni) il magnifico *Bacio rubato*: la donna primeggia ancora.

Il Romanticismo canta il bacio in poesia, Beethoven compone la *Sonata al chiaro di luna*, l'opera versa lacrime su amori infelici. Ma la pittura, si direbbe, tace. Quando si fa viva la scultura (*Il bacio* di Rodin, con due nudi che uniscono le bocche appassionatamente), il vero Romanticismo è superato. Tocca ancora a Rodin, più tardi, l'introspezione del bacio. *Sono bella* ed *Eterna primavera* ripetono, l'uno in maniera straziata, l'altro più ariosamente, l'angoscioso cercarsi degli amanti. Si capisce però che è un momento: c'è alle porte, sempre di Rodin, quel *Fugit amor* in cui l'uomo cerca il bacio, ma la donna glielo nega.

È curioso come nel periodo impressionista — un periodo così «carnale» e intriso di forti *sensazioni* — nessuno pensasse a rappresentare il bacio nella sua pienezza. Le bocche sono spesso invitanti, gli occhi desiderano, le mani si toccano. Ma è *Il bacio* di Francesco Hayez a ritrarre un vero bacio, ed è un qua-

Auguste Rodin: *Il bacio* (part.), 1886. Parigi, Musée Rodin.

dro di ambientazione tardo-medievale, la posa classica dell'uomo in mantello che bacia la donna trattenendole il mento nella mano. Fa pensare alla'«obbrobrio» del *Paolo e Francesca* di William Dyce (1837), in cui la donna vince la tentazione.

Ha fatto meglio il nostro secolo? Direi di sì, e bastano pochi esempi. Nel 1902 Munch compone *Il bacio*, ma è un vero bacio? È una massa compatta, uomo-donna, in cui i corpi si fondono; le labbra non esistono, il bacio è un'idea. Cinque anni dopo Gustav Klimt opera la stessa fusione, ma il concetto è più ricco: l'uomo è ancora alla conquista, la donna cede e non cede, poi finisce col cedere male perché si fa baciare solo su una guancia. Però la folgorante esibizione degli abiti multicolori fa quasi dimenticare che si tratta di un atto d'amore. Le mani, sensibilissime, hanno un timbro poetico.

La figurazione si perde quindi nel dinamismo della modernità. Il bacio si fa simbolo, non del tutto intellettualizzato, ma ridotto a elemento squisitamente pittorico, lontano dalla freschezza della vita. Chagall, nel 1915, fa un quadro disarmonico e lo intitola *Compleanno*, raffigurante un bacio grottesco che forse ride delle pose melodrammatiche dell'Ottocento.

In uno dei suoi primi lavori, *Amanti*, Picasso introduce l'elemento popolaresco, ridanciano: la donna è grassa e imbellettata, quasi ride, ma anche lei risponde all'ardore dell'uomo con un misto di (maestosa) concessione e tenerezza. Il bacio non è più travolgente, è un'impronta che si scolorisce

nell'attimo che va. Oppure (*Il bacio* di Brancusi) è vicino alla materia, al Tutto, al cosmo: l'uomo e la donna non hanno bisogno di congiungersi nel sesso per essere uno.

Mary Frank, in *Amanti*, esprime finalmente la perfetta unione di due individualità nel bacio, ma è un abbraccio «strappato» piú che un bacio, e si rifà addirittura a certe «unioni» indiane: Vajrasattva con Visvatara.

Perché, dunque, tanta reticenza a dare forma visiva a ciò che invece i poeti hanno scandagliato così a fondo? Eppure il nudo e l'amore, centrali nell'arte, non dovrebbero compenetrarsi nel bacio? Prendiamo il nudo, appunto. Quando ci siamo disfatti dell'eredità greca ripresa nel Rinascimento, quando abbiamo scartato la mitologia e le armature, e respinta l'imitazione, cosa resta dei tempi classici, se non il nudo? È vero che il nudo non è tutta l'arte, ma è essenziale nell'arte che qui ci interessa.

Ci fu un momento in cui si riteneva che «il nudo che fa nascere idee o desideri nello spettatore è arte falsa e cattiva morale». Ma quando mai? È vero semmai il contrario: un nudo, per quanto astratto, dovrebbe far nascere in chi lo guarda almeno una traccia di sensazione erotica. Non accade così in Oriente, per esempio, con le sculture erotico-religiose?

Per di più il nudo nel suo schietto, non filosofico naturalismo è di casa proprio nell'area mediterranea o occidentale. Sarebbe logico vederlo incluso nella «prassi» dell'amore, bacio compreso. Invece non è così. Che del bacio si sia impadronita l'arte

Pablo Picasso: *Amanti nella strada* (part.), 1900. Barcellona, Museo Picasso.

Leda e il cigno (da un disegno di Michelangelo).

erotica, contando sull'essenza mistico-religiosa dell'arte in generale?

Otto Schoff, poco prima dell'avvento di Hitler, si sbizzarrì in Germania a raffigurare numerosi varianti dell'orgia: il bacio, anche quello lesbico, vi è incluso. Ma sono disegni grossolani, inferiori anche a quelli che illustrarono il *Gamiani* di Musset. Si tratta di discendenti delle cose partorite (per burla) da Géricault e (seriamente) da Rowlandson; solo che Géricault, per esempio in *Estasi d'amore*, riesce a rendere la voluttà del bacio mentre si compie l'amplesso e Rowlandson riporta in scena i satiri, alla Rubens, ma non gratuitamente.

L'amore e il bacio venivano sublimati meglio, per quanto in maniera meno esplicita, da un minore del Settecento come Lavreince: la donna era, sì seminuda, ma il bacio esalava più passione dei genitali. H. Miller scrisse:

L'arte erotica esprime anche l'Amore con l'A

62

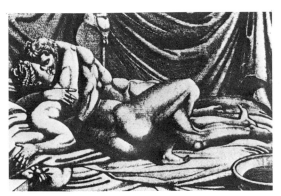

Stampa di M. Raimondi per *I modi* dell'Aretino.

Stampa erotica di Hokusai (XIX secolo).

Disegno erotico di Picasso (1968).

maiuscola? Non sempre. Quando lo fa, però, quando glorifica il fragile involucro mortale che è il corpo dell'uomo, possiamo credere che l'uomo sia fatto a immagine del Creatore.

È difficile essere d'accordo, però è vero che laddove l'arte maggiore ha sempre celebrato, dell'essere umano, più la Bellezza che il Corpo, l'arte minore ha avuto il coraggio di restare attaccata più ai sensi che all'anima. *La femmina dannata* di Tassaert, per esempio, è circondata al Louvre da una folla di quadri che assegnano alla donna il ruolo di «dea». Al bacio, lei, non si *concede*: vi partecipa, costrettavi da due uomini e da una donna che la «prendono» totalmente.

Gli uomini di Rowlandson fanno spesso «linguaccia» alla donna, ma in primo piano risulta sempre il sesso di lei. Anche Henry Miller, qui, negherebbe la sublimazione che sostiene. Essa, semmai, si trova altrove. In Ingres per esempio, che riprendendo il tema di Leda e il cigno ci dà uno dei baci più ap-

passionati di tutta l'arte. Questo di Leda con il cigno è curiosamente uno dei luoghi più frequentati dall'arte, erotica e non. Forse perché l'immagine del maestoso volatile (il solito Giove travestito) permette declinazioni calligrafiche, sottigliezze cromatiche, morbidezze di chiaroscuro o, più probabilmente, perché l'assenza di organi genitali impone la concentrazione sul collo, lunghissimo, flessuoso, deliziosamente allusivo: un collo che termina in un lungo becco che con dolce e implacabile violenza si insinua ben profondamente nella bocca di Leda.

Un pornografo puro, diciamo von Zichy, non ottiene altrettanto con un uomo e una donna che si baciano, nudi, a letto, mentre copulano e nemmeno ci riesce l'infinita serie di illustrazioni giapponesi che esibiscono giganteschi genitali maschili e femminili.

Mentre Renoir non osò addentrarsi nell'unione dei corpi e si limitò a mostrarcene le splendide rotondità, Picasso dipinse sul finire del secolo un bacio dei più esaltanti — quasi eguaglia Ingres — ma con due esseri umani. C'è però, anche in Picasso, il complotto che caratterizza il Novecento. Un suo *Marinaio* del 1968 bacia la sua donna, ma mentre la stupra.

Hans Bellmer ritrae due donne, le loro lingue intrecciate, un sesso maschile eretto tra le pieghe delle loro scarse vesti: l'uomo non c'è più, è ridotto a un pene.

È il coraggio del nostro secolo, che rischia la volgarità e la freddezza meccanica, mentre «osserva» il bacio con una certa compassione. Lolita considera anormale, al massimo «melma romantica», tutto ciò che non è il bacio e il coito. L'erotismo, poi, è passato di grado. Superati i disegni erotici dei vari Beardsley, Rops e Pascin, l'intimità l'hanno esplorata artisti come Grosz, Masson, Wesselmann, Kitaj e Rivers. Ma vediamo come.

Kitaj ritrae *voyeur* che rubano i baci degli altri. Rivers imita i giapponesi con «perfora-zioni» in atto: le lingue infuocate contribuiscono all'orgasmo, ma qui si dimentica che i giapponesi, nelle illustrazioni erotiche, non includono quasi mai il bacio, che considerano «superiore». Un emulo di Rivers, Modesto Roldán, fa altrettanto con gli indiani e anche qui il bacio è ai margini del coito.

Il baccanale, quindi, include il bacio come orpello. Che abbia fatto meglio l'Oriente? In certi pannelli d'avorio (Ceylon), nei templi indiani e in molte xilografie giapponesi, il bacio è finalmente isolato anche quando l'intenzione è erotica. Ma non è grande arte. Forse perché il concetto è religioso, le membra hanno più forza espressiva delle labbra. Il bacio, anche qui, subisce i due consueti soprusi: quello dell'idealizzazione e quello della sopraffazione del resto della carne. In mancanza di questi, la «meccanica» dell'are (Masson, Wesselmann). In Grosz è addirittura una caricatura.

Se c'è una conclusione, non può essere che questa: tra le arti cosiddette figurative il bacio trova raramente il posto che gli compete perché, dei suoi aspetti, quello visivo ha il significato minore. I versi, le note musicali, i passi di danza e le meticolose descrizioni del romanzo superano l'immagine e si moltiplicano in cento riflessioni prismatiche, come una serie di echi tutti afferrabili. Tutt'altra cosa la tela e la statua, che non hanno fluidità: sono un momento fissato nel tempo. Non a caso, delle due arti visive, è la scultura che prevale sulla pittura, perché è capace di dare a quel momento, se non altro, una dimensione multipla.

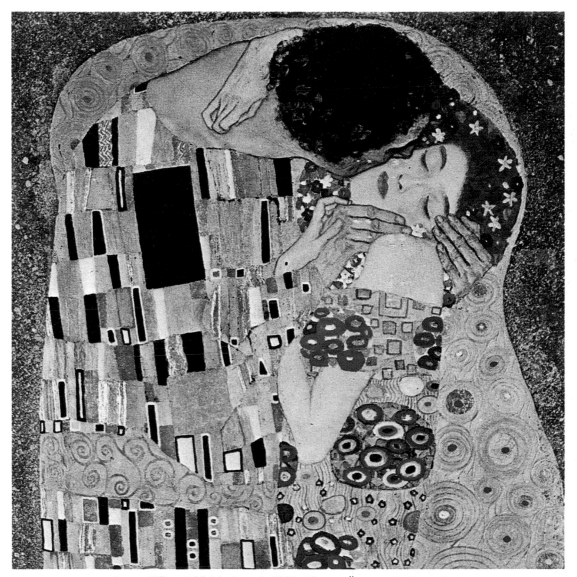

Gustav Klimt: *Il bacio* (part.), 1907. Vienna, Österreichische Galerie.

CAPITOLO VI

IL BACIO NEL CINEMA

Che nel bacio rappresentato l'elemento della continuità sia importante lo dimostra l'uso sconfinato che del bacio ha fatto un'altra arte, quella a noi più vicina: il cinema (per questo le dedichiamo un capitolo).

Prendiamo, come esempio, Hollywood. Gli americani capirono fin dall'inizio che l'amore era un tema fondamentale, e che dell'amore il solo atto che si poteva portare sullo schermo era il bacio. Non che tutto filasse liscio: ci furono resistenze. Nel 1896, quando May Irwin e John Rice unirono le labbra (in un film intitolato *The Kiss*), corsero brividi in platea. Gli stessi attori si esibirono, ne *La vedova Jones*, con identico ardore in una «sequenza fumante» di quindici secondi, ma il regista dette mano alle forbici. Il cinema, però, non poteva fare a meno di quel momento culminante.

Di lì a poco il bacio divenne inevitabile, ma con quanti freni! Francis Bushman e Beverly Bayne, in un *Giulietta e Romeo* del 1916, si abbandonarono a pose memorabili, ma dovettero tenere segreto il fatto di essere sposati, altrimenti i baci sarebbero risultati *veri*! Perché tanto puritanesimo in uno «spettacolo da baraccone?». In Italia, per fare un confronto, Alberto Capozzi e Mary Cleo Tarlarini si erano già scambiati baci «tremendi» nel 1909, in *Pauli*, storia del patriota corso.

A Hollywood si stabilirono subito certe regole. In un testo dell'epoca si legge: «L'eroe potrà, al contrario dell'eroina che resiste al peccato senza sforzo, venire tentato, a patto di non cedere. Se cede, dovranno seguire il rimorso, lo sbalordimento e la penitenza, prima che gli occhi di lei si illuminino». Dandogli, ovviamente, il permesso di baciarla.

Quando Ben Hetch andò a Hollywood, Mankiewicz gli disse subito: «In un romanzo l'eroe può andare a letto con quante donne vuole e poi sposare una vergine. In un film ciò non è permesso. L'uomo, come la donna, deve essere vergine. Solo il cattivo può fare ciò che vuole, fornicare, imbrogliare, rubare, arricchirsi e prendere a frustate i domestici; ma alla fine deve morire». Con questo canone morale, il bacio veniva ammesso sempre più spesso, ma era sempre «peccato», tranne dopo la consumazione del rito matrimoniale.

L'idea di assegnare anche alla donna la parte di «cattiva» si rivelò una trovata. Theda Bara, la prima «vamp», poteva permettersi di tutto, anche di baciare prendendo l'iniziativa, anche di farsi baciare col trasporto più totale. Interpretò scene dinamitarde, e le «vamp» si moltiplicarono: Louise Glaum, Barbara La Marr, Virginia Pearson, Valeska Suratt. Bastava che agitassero un mignolo e l'uomo abbandonava moglie, figli, impiego e correva a farsi stritolare tra le loro braccia. Erano i tempi delle suffragette. L'uomo baciava, ma sapendo di aver strappato un bacio forse avvelenato.

Il regno della «vamp» durò poco: cinque anni appena. Nel 1918 questa donna-serpente, che baciando dava la morte, era tramontata. Ma come salvarne la carica erotica? Come includere le famose «scene del bacio»?

Clark Gable e Alice Brady in *Amore, Onore, Tradimento*, 1930.

Ci voleva una donna diversa, e questa venne: fu la *femme fatale* (fatale soprattutto a se stessa), cui prestarono volti indimenticabili Pola Negri e, più tardi, Greta Garbo. La donna si emancipava: il cinema la seguiva. Cecil B. De Mille creò la «Donna del Nuovo Mondo».

Ma il puritanesimo, che non si dava per vinto, sopportava a malapena i baci che si volevano far passare per «caldi», mentre erano solo labbra su labbra, a bocca chiusa. Curiosa è la legge non scritta che riguarda il film western. Il cowboy dopo tanto galoppare ammazzava i cattivi e si ritrovava l'eroina tra le braccia. A questo punto poteva baciarla, ma per qualche ragione (misteri delle menti oppresse) il cavallo doveva essere presente! Il bacio, naturalmente, era casto.

De Mille pensava già a un maggior realismo. Tra i suoi primi film ci sono *Frutto proibito* e *Il letto d'oro*. Se il bacio era anco-

Quando il bacio prelude... Lucia Bosé, l'adultera borghese, in Cronaca di un amore, *Antonioni, 1950; Alida Valli bacia il nemico in* Senso, *Visconti, 1954; Chevalier seduce frivolmente in* La vedova allegra, *1934.*

sciuto agli americani della frontiera, gentile con le donne (e non per questo meno virile) e che quando baciava loro la mano le trafiggeva con lo sguardo. Era, naturalmente, Rodolfo Valentino. Come baciava Valentino è leggenda: dopo sguardi velati, narici dilatate e robustissimi abbracci, il falco scendeva sulla preda e la preda diventava vittima. I suoi baci lasciavano il segno.

Valentino, sullo schermo, sapeva essere innocente, brutale, affettuoso, sentimentale. Sapeva anche farsi «cacciare» dalla donna. Fu con lui, anzi, che le parti si invertirono: ora era la donna che voleva il bacio. Che si travestisse da toreador, da sceicco, da pirata, da elegantone, o che diventasse *Monsieur Beaucaire* o ballasse il tango in *I quattro cavalieri dell'Apocalisse*, Valentino la ottenebrava sempre. I baci erano lunghi e *veri*, anche se inchiodati in una posa fissa.

Con Valentino il maschio prese il sopravvento, ma i suoi imitatori (Ramon Novarro, Ricardo Cortez, Antonio Moreno, Arthur Edmund Carewe e il primo John Gilbert, per non parlare di Ben Turpin che ne mise in ridicolo lo stile) non seppero perpetuarne il mito. «Nessuno di loro bacia come Valentino», disse un'eroina della seconda serie, Alice Terry. Inoltre, Hollywood aveva già deciso di idolatrare un'altra donna, una donna (si scrisse) che «ha un volto talmente perfetto da essere senza età» e che «quando bacia, prende il viso dell'uomo nelle sue mani come una coppa e beve dalle labbra di lui come se solo lì trovasse la fonte della vita». Greta Garbo, spuntata dal nulla, con-

ra «simbolico», che almeno venisse scambiato dove gli competeva. De Mille girò molte scene in camere da letto, a letto e nel bagno; in alcuni film ammise anche un barlume di passione vera.

Baci, quindi, a non finire: baci stilizzati, un po' artificiosi forse, ma già «liberi». Gloria Swanson, Lillian Rich e Warner Baxter dettero vita ai primi amanti immortali.

Si trattava comunque di un bacio immaturo, ipocrita, perfino venato di comicità, dettato più dalla tipologia maschile del «bello» anglosassone che dalle donne. Poi, però, si fece avanti un nuovo tipo d'uomo: romantico, latino, con un *savoir faire* scono-

E, finalmente, l'Amante Immortale, Greta-Margherita, bacia d'imperio l'indifeso Taylor-Armando (1937).

cesse i baci più memorabili della storia del cinema. Mack Brown, John Gilbert, piú tardi Robert Taylor: ora erano loro, gli uomini forti e conquistatori, a tornare sulle piste della voluttà, non più per rovinarsi ma per cedere al paradiso della carne.

Nei baci della Garbo si mescolavano la promessa della sessualità più disinibita, un certo fatalismo, la perdizione, l'imminenza della tragedia, il sogno impossibile e la realtà più esotica. Greta Garbo si faceva prendere tra le braccia, ma era lei, nel bacio, a dar vita all'amore. Donna colpita dalla vita, vilipesa dalla società, splendente di virtù solo nel segreto dell'amore, era innocente e insieme satura di peccato. Il suo naturale erotismo, accentuato poi dalla voce, fece sì che i suoi baci diventassero il simbolo dell'idillio in due decenni completamente diversi: i folli anni venti e i pesanti anni trenta. Greta Garbo dette significato a un'epoca, per poi ritirarsi in gran fretta dal mondo reale e mantenere così intatta la sua leggenda.

Nessuno, dopo Valentino e la Garbo, ha saputo portare sullo schermo baci così carichi di inverosimile passione. Si sono raggiunte altre vette, quasi tutte in direzione realista: labbra umide, labbra che si aprono, lingue che penetrano, durate interminabili, baci goffamente lascivi e oscenamente grafici. Ma chi ha più baciato come se baciare fosse l'ultimo atto prima della morte?

Erano altri tempi, tempi di esilaranti esagerazioni. Molte altre cose risentivano negativamente di quelle esagerazioni. Ma il bacio, che si presta a essere sublimato, ha il vantaggio di poter circuire la realtà, dilatandola. Nelle altre arti accade spesso, senza che nessuno gridi allo scandalo.

Infatti Hollywood cercò di riattivare quanto aveva avuto vita troppo breve. Myrna Loy, nel 1927, promise una donna meno drammatica ma ugualmente affascinante. Ronald Colman, in *Notte d'amore*, tentò di resuscitare Valentino. Poi vennero Clara Bow, la magnifica Louise Brooks: tutte meteore. Douglas Fairbanks ballava anche lui il tango, alla Valentino, ma con la sigaretta in bocca! John Gilbert fu travolto dal sonoro.

Si cercò di sostituire i due divi varando «la coppia»: Irene Dunne e Charles Boyer, Leslie Howard e Norma Shearer, Jean Harlow e Clark Gable, Ginger Rogers e Fred Astaire, Ingrid Bergman e Humphrey Bogart, Joan Crawford e John Garfield. E più tardi, non più pensando alle due «icone» ma perché i baci si facevano sempre più frequenti e dettagliati, Joseph Cotten e Jennifer Jones, ancora la Bergman e Gary Cooper, Lana Turner e una dozzina di Fernando Lamas, Montgomery Clift ed Elizabeth Taylor, Laurence Olivier e Merle Oberon, Paul Muni e Luise Rainer, Clark Gable e Vivien Leigh... Sono i grandi nomi che ogni volta hanno creduto di darci la massima versione del bacio, il gradino prima del paradiso-inferno dell'amore.

Il primo piano, da Griffith in poi, scrutava il palpitare degli amanti, rendendo viva la passione e indugiando volentieri sul bacio. Mae Murray, negli anni venti, inventò le labbra a *bee-stung*, a boccuccia di vespa; con quelle lanciò il bacio-saetta, più allegro che appassionato. Per un bacio tra Colleen Moore e Gary Cooper, in *Lilac Time*, fu introdotta l'innovazione della musica di scena per creare l'atmosfera adatta. Anche von Stroheim faceva baciare i suoi attori a suon di musica. Certi, come Joan Crawford e Clark Gable quando giravano *Possessed*, pretesero mezz'ora di «prove» in camerino prima di andarsi a baciare sul set. Irene Dunne commentò: «Nessuno sa più baciare calandosi nel personaggio».

Il bacio era essenziale nel film. *Reckless*, con Jean Harlow e William Powell, fu lanciato con lo slogan: «Qui si vendono baci a 500 dollari l'uno». Katharine Hepburn voleva interpretare Rossella O'Hara in *Via col vento*, ma George Cukor la scartò perché, tra le braccia di Clark Gable, non baciava bene. Un produttore, poco prima della seconda guerra mondiale, ideò una classifica di grandi amatori (attori che «facevano del bacio un'arte»). Al primo posto risultò Gary Cooper, al secondo Charles Boyer.

Gary Cooper, noto come «lo stallone di Hollywood», baciava con tale foga che nell'*Addio alle armi* del 1932 «sotterrò di baci» (scrisse un cronista) la povera Helen Hayes. Intervenne la censura. Altrettanto capitò a Gloria Swanson e Raoul Walsh in *Sadie Thompson*: qui era stata l'attrice a eccedere. In *La storia di Temple Drake*, titolo con cui nel 1933 camuffarono *Santuario* di Faulkner, non solo eliminarono lo stupro con la pannocchia, ma anche certi baci tra Miriam Hopkins e Jack La Rue perché «fanno pensare a una scena da postribolo». Perfino in *Grand Hotel* tagliarono due primi piani della bocca semiaperta di Joan Crawford. «Stanno prendendosi gioco della vita», disse l'attrice, «Oppure non hanno mai baciato». Un film con Jean Harlow subì due trasformazioni nel titolo: *Nata per baciare* divenne *Pura al cento per cento* e finalmente *La ragazza del Missouri*.

Mae West, attrice notoriamente scurrile, sullo schermo veniva castigata. Ma lei si prese una rivincita insospettata. Quando Archibald Leach arrivò a Hollywood, Mae West lo vide da una finestra e si informò subito: «Chi è quel pezzo di ragazzo? Se sa anche parlare, lo scritturo». Il «ragazzo» sapeva parlare benissimo e subito dopo cambiò nome: divenne Cary Grant.

Una recente biografia di Cary Grant ha rivelato che l'attore inglese faticò parecchio a creare il suo personaggio, e che a metterlo sulla strada buona fu proprio Mae West, che dopo averlo avuto al suo fianco in *She Done Him Wrong* gli disse: «Ora ti insegno a vivere». Gli insegnò (pare) anche a baciare, e lo fece con parole che sembrano il vangelo del grande amatore hollywoodiano: «Devi fingere di non volerti precipitare sulla bocca di lei. Lascia che siano le sue labbra a sedurre le tue. E poi indugia, sfiora, carezza, gira di qua e di là prima di possedere quella bocca. Vedrai, avrà un effetto spettacoloso. Come nella vita».

Cary Grant fece tesoro della lezione, e anche se le parti che si sceglieva non gli consentivano mai il folle abbandono, e nemmeno la «tattica West», nel 1946 trovò il suo cavallo di battaglia, *Notorius*, dove doveva baciare Ingrid Bergman ma fingendo di voler fare tutt'altro. Era l'occasione del bacio «centellinato» suggeritogli dalla West, e fece furore. Anzi, proprio dopo *Notorius* Hollywood si mise in moto per trovare un imitatore della presenza appassionata di Cary Grant. Ma Grant era inimitabile: né Robert Taylor, né Robert Mitchum, né altri quattro o cinque seppero rinverdire la vera saga delle labbra.

La «battaglia del bacio» (secondo Alec Guinness) si calmò con la guerra. Incalzava il realismo, e da lì sarebbero venuti il

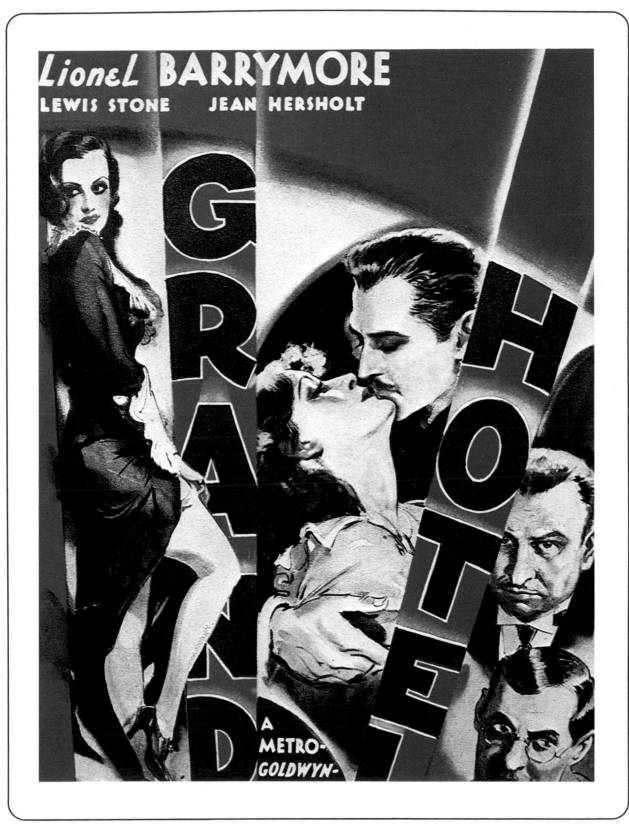

cinema-rivolta degli anni sessanta e l'iperrealismo degli ultimi quindici anni. Non più tanto peccaminoso, il bacio passò quasi in second'ordine, per essere ripreso come parte della più estesa raffigurazione della sessualità. Tra l'altro la tematica stessa del cinema, a Hollywood come altrove, era cambiata. È stupefacente notare quanti film degli anni venti-trenta fossero «film d'amore», in cui il bacio aveva funzione centrale. Oggi prevalgono la fantascienza e la violenza.

Nel dopoguerra lo schermo offriva ancora «bocche da bacio» (Jayne Mansfield, Kim Novak, Marilyn Monroe), ma più che sulle bocche puntava sui corpi (Rita Hayworth, Lana Turner, Jane Russell, Betty Grable, e ne sarebbero venute molte altre, fino ad Ann-Margret e Bo Derek).

Inoltre, con l'affermarsi di un altro tipo di eroe, non più l'uomo forte (il Lancaster della scena «incendiaria« sulla spiaggia in *Da qui all'eternità* con Deborah Kerr), ma l'uomo a più dimensioni, il «fotogramma calamitante» del bacio perse vigore. James Dean ruminava sulle sue disgrazie, Marlon Brando instaurò il primo modello narcisistico, l'uomo che brutalizza le donne o le bacia al limite di una involuta passione, Montgomery Clift sfiorava appena le labbra della Taylor. La soddisfazione dei sensi sarebbe venuta a complessi risolti, se mai si sarebbero risolti.

Il naufragio del bacio coincise con l'avvento del sesso in luogo dell'amore, o comunque con l'aspetto più carnale dell'amore. Il bacio scese dalla bocca alla punta delle scarpe (il feticismo di *Il balcone*). In *Anato-*

Greta Garbo e John Barrymore in *Grand Hotel*.

mia di un omicidio comparve lo stupro: si parlava soprattutto di un paio di mutandine. *Lilith* abbondava di baci, ma tra donne. Dopo *My Fair Lady* qualcuno lanciò *My Bare Lady*, dove il nudismo totale non ammette la presenza nemmeno di un solo bacio. Sono solo pochi esempi di una tendenza che poi, in tutto il mondo, ha prodotto film su film carichi di materia sessuale, sempre più scoperta, sempre meno attraente, dove anche l'erotismo si è dileguato e le bocche hanno coperto altri «paesaggi di pelle». Scaduto anche questo stimolo, è sceso in piazza il film dell'orrore, dove i corpi si fanno a pezzi e la gente ride.

Lontani sono i tempi in cui Fred e Ginger danzavano venti minuti filati prima di baciarsi; o di Robert Taylor che trascinava la sua donna su una coltre di piume, senza mai

Debora Kerr e Burt Lancaster in *Da qui all'eternità*, 1953.

spiegazzarsi lo smoking. Infatti è scomparso lo smoking, come è scomparso il bacio «machista» alla Bogart, trasferito al periodo arcaico della voluttà cinematografica.

Quante volte sentiamo ripetere che oggi non ci sono più grandi attrici come una volta? Nessuna sa più baciare con le labbra e gli occhi come una Paulette Goddard. Chi è più *fatale* come lo erano Hedy Lamarr e (altrove) Danielle Darrieux, Isa Miranda, Hildegard Knef? Si è conclusa la stagione di Ingrid Bergman, di Ava Gardner, di Lee Remick, di Brigitte Bardot, di Sophia Loren, di Catherine Deneuve, di Julie Christie in *Via dalla pazza folla*. Juliette Greco e Anouk Aimée sembrarono creare un nuovo tipo di amante dello schermo, ma non durarono.

Oggi, al massimo, quel tipo lo rievocano Meryl Streep e Glenn Close. Le altre hanno imparato a spogliarsi da Raquel Welch.

Non è nostalgia, questa. Il «tempo che fu» non era superiore al nostro. La parabola del bacio, però, sembra conclusa: del bacio in quanto sbocco di tutte le passioni e insieme emblema di un istante poetico della vita. Il bacio nelle arti, oggi, è qualcosa di diverso. Non sa che nella realtà ci si bacia perché è bello baciarsi, perché con la naturalezza del bacio abbiamo abdicato al mistero dell'allusione e dell'illusione. In fondo, potrebbe essere un criterio preferibile. Non si alza più la veletta di una signora: ci si bacia per strada, magari continuando a camminare. È più fresco, no?

Le arti hanno altri bersagli. La vita, affrancata dalle lune dei sospiri, si contenta del bacio per quello che è, il primo modo di dire «Ti desidero» o «Ti amo».

CAPITOLO VII

ALLE SOGLIE DEL DUEMILA

Il Duemila è vicino. I più giovani nascondono i dubbi e si domandano se i loro vecchi non avessero ragione: infatti tornano a corteggiarsi, a scrivere lettere, a baciarsi secondo le regole, sperando nel di più. I postquarantenni avvertono più di loro la lusinga futuristica, ma intanto sono paghi di ciò che hanno conquistato (mogli e mariti, figli, case, impieghi) e si sentono rallegrati dal sentimento che ritorna. Solo nell'età di mezzo ci si continua a scatenare nell'ebbrezza del sesso facile, che non ammette soste «serie» sulle labbra.

Ciò ha creato una situazione «caleidoscopica» in cui trova posto tutto: il perverso e il sentimentale, il nostalgico e l'allegro. Il bacio — riesumato e tornato al suo posto nella grande invenzione che è l'amore — rifiorisce, ma come? È lo stesso di una volta? Non può essere. Infatti, mentre si riaffaccia all'angolo dell'appuntamento, altrove è stato schedato, analizzato, meccanizzato, inquadrato tra le diete, postulato come nocivo in tesi di laurea! Il nostro secolo, partito da Fogazzaro e arrivato a Spielberg, già guarda alla fine del millennio come all'avvento dell'era spaziale in tutto, compresa una gran parte dei sentimenti.

Nella regione terrestre dove, prima di arrivare alla meditazione indiana e allo Zen, si sottopone il corpo alle intemperie della volubilità della moda e del costume, in California, hanno affrontato la «questione bacio» come se Adamo ed Eva non si fossero scambiato il primo bacio della storia del mondo. Lo hanno quindi catalogato tra le «novità» con la stessa serietà con cui dibattono se portare o non portare i baffi, sganciare o non sganciare per primi la bomba atomica, ammettere o respingere la lezione di religione nelle scuole.

Hanno deciso che i baci importanti sono questi:

Il bacio sessuale, che fa parte dell'arte di amare, arte che (con buona pace di Erich Fromm) consiste in un alto numero di orgasmi e nella varietà degli accoppiamenti.

Il bacio vampiresco, privo di intenzioni oneste e quindi punibile con l'ostracismo dalla società felice, che poi è quella giovane schierata contro quella «vecchia» scopertamente conformista.

Il bacio allegro, in cui convergono tutte le forme nuove e meno nuove di salutazione e che appartiene a tutte le età.

Siccome poi la California è un luogo abitato da gente pratica, hanno inventato una macchina (una specie di *juke-box*) che «misura» il bacio. Si trova nei *campus* universitari e in qualche luna park e per 25 centesimi di dollari (poco più di 400 lire) emette il verdetto sulla realtà dell'espressione labiale. Al giudizio della macchina ci si deve sottoporre volontariamente: bastano due «sonde elettriche» applicate ai polsi, un bacio, ed è fatta: su uno schermo colorato appare la diagnosi a base di disegni saettanti, spirali luminose, disegni rivelatori che conducono al riquadro delle sentenze.

Il «bacio degli amanti» è la versione massima del bacio californiano: si accendono tutte le lampadine, squilla un campanello e lo

schermo viene bombardato da piccoli fuochi artificiali che si ripercuotono negli elettrodi ai polsi. La prognosi non può che essere un amore lungo e duraturo (almeno per le prossime ventiquattr'ore).

Il «bacio delle amiche», il più velenoso di tutti, è diagnosticato con una cartina in cui compaiono tutte le virtù dell'amicizia: invidia, cattive intenzioni, ipocrisia, opportunismo, si arriva addirittura all'odio.

Il «bacio della suocera» produce zampilli di posizioni contrastanti, scontri diretti tra frecce e tra figurine ritmate al suono di un clarinetto, in passo di danza, come se fosse una formalità e una maledizione perché non c'è scampo.

Il «bacio della coppia sposata» è forse quello più squallido di tutti: la macchina tace, resta grigia sullo schermo, e dopo un mi-

nuto compare una stellina che brilla per un momento, poi muore fuori quadro.

Come non domandarsi che tipo di società sia quella che scherza così, e con pregiudiziali che non sono nemmeno comiche, ma talmente *passé* da sembrare uscite dagli album polverosi di una famiglia vittoriana. Può darsi che lo siano davvero.

Ma poi, perché stupirsi? In California c'è Hollywood, dove gli storici del cinema hanno classificato il bacio in base a versioni altrettanto elettrizzanti. Frugando negli archivi della Paramount, della 20th Century-Fox, della Universal e delle altre grandi case, apprendiamo che *il bacio più lascivo* lo ha dato (per ora) Hedy Lamarr, quello *più sensuale* Marilyn Monroe, quello *più lungo* Jane Wyman e quello *più innocente* Judy Garland. Poteva mancare il bacio tra i record Guinness (quelli che sanciscono la bevuta di birra più copiosa, il numero massimo di persone che entrano in una Volkswagen, quante api si sono posate sul corpo di un uomo nudo coperto di paraffina, e così via)? Naturalmente c'è: il record appartiene a Bobbie Surlock e Ray Blazina, che si sono baciati per 130 ore e due minuti.

Di tali prodezze guinnessiane ci hanno informati recentemente due francesi, ai quali dobbiamo anche la scoperta che un bacio elimina tre minuti di vita e che, se è dato bene, esso vede all'opera ventinove muscoli del nostro corpo. Il lato grottesco di questi interventi della «modernità» in un argomento tanto carico di storia sta nel clamore che essi suscitano, come se nessuno si rendesse conto che, con quel metro pseudo-scientifico, si potrebbero togliere minuti di vita per ogni azione che fa l'essere umano. Negli Stati Uniti, cogliendo la palla al balzo, lo hanno fatto e hanno constatato che l'amplesso impegna 89 muscoli e riduce la vita di undici minuti (se è un coito semplice), ma si sono affrettati ad aggiungere che gli 89 muscoli si rafforzano perché vengono usati e che gli undici minuti persi vengono ampiamente compensati dal benessere psicologico che provocano. Per vivere a lungo, quindi: baciarsi e fare l'amore il piú spesso possibile. Quanto al resto, un paio di secondi ce li leva anche il portare un bicchiere alla bocca, altrimenti saremmo immortali!

Leggermente meno bizzarra è l'idea di avere elencato i travasi chimici e microbici che avvengono tra una bocca e l'altra durante il bacio. Ancora i francesi ci informano che il «nettare» può anche essere delizioso, ma sarà bene sapere che «gli amanti si scambiano 9 mg d'acqua, 0,7 g d'albumina, 0,18 g di sostanze organiche, 0,711 mg di materie grasse e 0,45 mg di saliva, oltre a qualche centinaio di batteri, di virus e di parassiti vari». Siccome la «vita moderna» si muove quasi unicamente sui numeri, oggi apprende che un bacio tra due persone è un'illusione, poiché a un bacio partecipa una folla di microrganismi, i quali si curano molto poco di sapere se gli interessati maggiori sono innamorati o meno. È come non aver mai riflettuto sul fatto che il corpo umano è pieno di questi parassiti.

L'«avvertimento medico» potrebbe anche far sorridere, al massimo renderci consapevoli che esiste il pericolo delle infezioni (come se non lo sapessimo!). Ma, a parte il fatto che un tale pericolo esiste in tutto quello che facciamo, dalla mano dell'estraneo che stringiamo al bicchere mal lavato di cui ci serviamo in un ristorante, resta il fatto che la dose di meccanizzazione che dobbiamo sopportare per vivere non dovrebbe invadere anche le nostre menti. Quanti si sentirebbero di leggere ancora Montale se qualcuno ci dicesse quanti articoli, aggettivi, avverbi, punti e virgole ha usato per darci la sua poesia? Contiamo pure le pulsazioni, che in un bacio (dicono) salgono a 150; affidiamoci pure all'opinione del dietologo che consiglia un bacio ogni volta che vogliamo disfarci di 150 calorie («Vieni qui, caro, facciamo dieta: baciamoci»); e stiamo alla larga da chi sappiamo ha la bocca infetta. Ma a un certo punto fermiamoci. Tra l'altro, cosa dovremmo fare prima di dichiararci innamorati, iniettare venti vaccini nel braccio della persona amata?

Però è vero che è difficile sfuggire a questa computerizzazione dell'amore. Se in California, con la macchina-giudice, hanno immesso l'elemento elettronico nel palpito che fu di Dante e di Rimbaud, del Petrarca e di Byron, altrove hanno esteso il mantello della classificazione in maniera anche più panoramica, quasi volessero creare un universo di labbra — labbra rosse, rosa, viola, turchine, nere, multicolori, argentee, coperte di lustrini... Studiosi di behaviorismo,

Joseph Mallord Turner: *Amanti*. Londra, Victoria and Albert Museum.

studiosi del costume, e subito a ruota molte riviste «femminili» e fogli studenteschi, hanno complottato per togliere al bacio anche l'ultimo velo di mistero. Ecco le versioni che hanno compilato, appena velate di un umorismo che non basta a scagionarle e che raccolgo senza troppo ordine:

Bacio venduto. Dato tra bambini, in certe nazioni e non in altre, per gioco, quando si profila l'ombra del peccato.

Bacio forzato. Lo ricevono soprattutto i bambini, lo danno certe nonne che non capiscono la ritrosia del nipote.

Primo bacio. Non è quello che si strappa al coetaneo, col cuore che batte a mille. È quello che si riceve venendo al mondo e che, non per cattiva volontà, si scorda subito. Ricompare in versione «matura» quando baciare i genitori non imbarazza più.

Bacio da favola. È quello che si scambiano l'eroina e il principe azzurro (nelle favole, s'intende). È una roba fantastica che certa gente si porta dentro fino alla morte.

Bacio della mezzanotte. Si scambia l'ultimo dell'anno, con le labbra umide di champagne o di spumante, di solito in scarsa intimità. Troppo preventivato per essere spontaneo.

Bacio del rossetto. È il classico bacio-spia: spunta agli angoli della bocca, sul collo, sulla camicia, sul fazzoletto. Si risolve sempre in una crisi. Dato per scomparso nel 1968, si è riaffacciato grazie all'intervento massiccio dell'industria dei cosmetici.

Bacio da fumetto. Noto anche come «bacio da superman», dall'uomo che lo pratica nei luoghi pubblici, con donne consenzienti e l'occhio che indaga per vedere se c'è pubblico ad applaudire.

Bacio cinematografico. Copia di quello dello schermo. si dà durante le sequenze più buie. Ripetuto fuori, provoca il sarcasmo («Ma chi credi di essere, Richard Gere?»).

Bacio dello specchio. Il più narcisistico di tutti. In esso prevale il proprio profilo riflesso in uno specchio, nella vetrina di un negozio chiuso, sui parafanghi delle automobili, nei metalli dell'ascensore. Non è un bacio d'amore, anche se è stato cantato da tanti poeti.

Bacio elettrico. Comune tra gente sposata. Capita quando ci si bacia su una moquette spessa dopo che il termosifone ha prosciugato l'aria. Le labbra si toccano e zac!, una scarica elettrica.

Bacio sportivo. Lo danno le donne al proprio uomo allo stadio, quando una partita data per perduta si risolve in zona Cesarini. Imbarazzante (per l'uomo).

Bacio della squadra. Se lo scambiano gli atleti dopo una vittoria. Sospetto di una certa dose di omosessualità.

Bacio omo. Usatissimo nell'antica Grecia, non era mai decaduto, ma solo da poco permette a persone dello stesso sesso di esprimere affetto anche davanti a estranei.

Bacio del computer. È ancora in fase sperimentale, ma nel Duemila se lo scambieranno gli innamorati a distanza, affidando allo schermo le pose più suggestive.

Bacio del tango. Torna, anzi è tornato. Il tango si balla a Stoccolma e a Roma, a New

York e a Tokio. Al termine di una figura si scapicolla la donna, e giù un bacio.

Bacio del collezionista. È il meno privato di tutti. Ci si dedicano coloro che poi lo raccontano. Il numero di bocche baciate è, appunto, un vanto da collezionista.

Bacio della fuoriserie. Simile a quello arcaico dell'automobile, si scambia solo in macchine costose, con l'aria fredda e il fare stanco del *viveur*. Conduce alla buonanotte o al letto.

Bacio erotico. In gran voga presso gli esibizionisti, che evitano il contatto delle labbra ma non quello delle lingue. Chi vuol guardare, guardi.

Bacio della seduzione. Si svolge tra nuvolette a forma di cuore, ottenute col fumo della sigaretta, senza partner.

Bacio epistolare. Dato per defunto, è resuscitato. In certe nazioni si dà con una bocca stampata o con tante xxxx in fondo alla lettera.

Bacio al cioccolato. Si manda in scatola (alle donne magre).

Bacio del clown. Quello strappato dal ragazzo più brutto del gruppo, con la scusa dello scherzo.

Bacio del solitario. È un surrogato, ma in grande ripresa. Si posa su una fotografia e non procura nessun piacere.

Bacio del primitivo. Cosidetto perché l'uomo (in epoca pre hippie) portava baffi e barba. Ormai comune in mezzo mondo, ha perso l'attribuzione originaria.

Bacio della scarpa. Il feticismo non c'entra: appartiene alla categoria del bacio simbolico, dato per sottomissione, per lusinga.

Bacio del piede. Conosciuto fin dall'antichità, di solito è un preludio del coito. Ha come surrogato il bacio della calza della donna amata.

Bacio telefonico. È di due tipi: quello vero, comunicato tra innamorati (fa salire vertiginosamente la bolletta del telefono) e quello falso, comprato in un momento di aberrazione sessuale da chi ama sentirsi baciare da una cornetta.

Bacio del sole. Lo dà, appunto, il sole, soprattutto sulle spiagge nudiste, quindi a tutto il corpo.

Bacio all'istante. Dato a uno sconosciuto, per nessuna ragione, con pieno trasporto. Unisce la generazione libera e quella meno libera, con effetti non appurati.

Bacio bagnato. Si dà con la partecipazione dell'acqua del mare, dei laghi, dei fiumi, della doccia. Stimolante.

Bacio del serpente. Lo depone tra la bocca e la guancia la persona decisamente nemica. Non si può rifiutare.

Bacio del robot. Esclusivo degli americani. Lo danno a un robot le donne che vogliono provarne di tutti i colori.

Bacio del ritorno. Lo danno i reduci, i commessi viaggiatori, gli inviati speciali e tutti coloro che mancavano da tempo. Di solito è un bacio pieno di sospetto.

Bacio della guardia. Lo offrono le donne che sperano di evitare una multa per eccesso di velocità. Non funziona quasi mai.

Bacio dell'addio. Al momento della separazione, naturalmente. Torna di moda alle stazioni ferroviarie. Molto romantico.

Bacio del chiaro di luna. Senza musica si sostiene male.

Bacio della panchina. Batte anche quello del chiaro di luna. Viene ripetuto spesso e di solito prelude a una passeggiata tra gli alberi o a una corsa verso la motoretta e il letto.

Disco-bacio. Appartiene alle discoteche e varia a seconda del ritmo. Generalmente manca la presa delle labbra.

Bacio suggerito. Si dà col pensiero o «telegrafandolo» con la bocca sporgente a chi ci vede ma non è vicino.

Bacio comprato. Costa poco se avviene al telefono (ci sono servizi specializzati). Costa molto di più se rientra tra i servizi di una prostituta. Non è mai molto dolce.

Bacio privato. È il bacio propriamente detto. Riferito a certi testi indiani si divide in: nominale, fremente, a contatto, diretto, inclinato, rivoltato, premuto, ma anche moderato, dolce, contratto, pressato, a seconda della tecnica.

Bacio completo. Detto anche «bacio francese». Riunisce il meglio delle categorie precedenti, ma vi aggiunge l'amore. Un bacio completo può essere dato (dice un dizionario) «succhiando libidinosamente, il che lascia un'impronta ecchimotica su una superficie non mucosa», o con la più grande dolcezza e leggerezza. È l'ideale per chi si ama davvero.

Di questi raggruppamenti generici (faccio per dire), cui se ne potrebbero aggiungere chissà quanti altri, il «bacio privato» presenta una situazione interessante. Le sottocategorie indicate non sono nate nel nostro secolo: in India sono conosciute da molto tempo. Sorprende, quindi, che esse siano apparentemente fredde e schematiche come quelle escogitate oggi. In realtà non è così. Il bacio diretto, premuto o contratto, equivale al modo abbastanza grafico e un po' rudimentale con cui, un paio di generazioni fa, si descrivevano i primi baci dati alla compagna di scuola. «A bocca chiusa» significava una cosa, «a bocca aperta» un'altra. Qualcuno alludeva al morso e alla «lingua in bocca». Abbastanza tenero.

Se oggi, nel mondo occidentale, il bacio ha abbattuto i confini tra nazioni, per cui baciarsi significa più o meno la stessa cosa a Los Angeles come a Vienna, a Madrid come a Helsinki (e probabilmente anche a Mosca), ieri, prima della cosiddetta «rivoluzione sessuale», le distinzioni erano fortissime. Il corteggiamento o *wooing*, come abbiamo visto, non era identico nelle diverse nazioni.

In Italia il bacio aveva un peso enorme, decisivo. Fosse la carica letteraria che c'era dietro, fossero i costumi abbastanza rigidi, o la tradizione, l'esempio delle famiglie e una certa «serietà» che si attribuiva all'amore (destinato al fidanzamento e poi al matrimonio), baciarsi voleva dire impegnarsi, per

un tempo più o meno lungo. Dal bacio a una maggiore intimità, infatti, il passo non era enorme: avveniva tutto per gradi, con il maschio in posizione di conquista e la femmina in posizione d'attesa (attesa, si capisce, del matrimonio). La verginità della ragazza era la sentinella dell'amore.

In altre nazioni le cose andavano diversamente. I giovani francesi, per esempio, conoscevano più dei coetanei italiani l'indipendenza e il grande amore. Un libro come *Il diavolo in corpo* di Raymond Radiguet poteva essere scritto soltanto da un francese: la perdizione romantica era costantemente in agguato, mitigata dalla passionalità. Spesso, però, sopraggiungeva la razionalità a guastare le cose. La *coquette* era francese come Madame Bovary: l'uomo cercava sempre di portarla a letto o di esaminare il perché di tutto, anche di un bacio.

Al Nord cresceva una gioventù più evolu-

ta. Nora di Ibsen era uscita precipitosamente dalla sua «casa di bambola» e non poteva tornarci. Con la propria indipendenza aveva trovato la parità dei privilegi sessuali: uomo e donna si baciavano, si univano nell'amplesso occasionale, si rivedevano, ma finché durava. Da una trappola, Nora era caduta in un'altra. Le lunghe odissee mistiche di Ingmar Bergman erano interrotte da improvvisi scoppi di passione, ma i due estremi non soddisfacevano né lo spirito né la carne. Fu allora che la Svezia divenne l'inferno massimo dei suicidi della terra.

Mentre la Germania risentiva dell'influenza scandinava, e più a Sud (Spagna, Grecia) la situazione non accennava a cambiare, il liberalismo americano — partito dalla società agraria ma già esuberantemente accampato in quella urbana — aveva bruciato le tappe e si stava avvicinando a prendere in mano la corrente più avanzata. I giovani, instaurato il *date* o appuntamento del sabato sera, ridussero di colpo il bacio a una nullità convenzionale: più di una stretta di mano, ma meno dell'allora popolarissimo *petting* (tutto ciò che sta tra il bacio e l'amplesso), il contatto delle labbra snaturò la bellezza dell'atto, lo ridusse a elemento del gioco. Quando anche la verginità diventò uno scomodo impiccio, gli anni sessanta stavano per esplodere.

Tutto questo, oggi, suona lontanissimo. Come i calzini bianchi arrotolati sulle caviglie e il pullover sportivo a losanghe, la sessualità «graduata» è scomparsa per lasciar posto a una diversa unione dei corpi e a un

indistinto cercare il piacere sotto tutte le latitudini occidentali. Anche oggi che il bacio assume contorni meno disinvolti, li assume nell'America del Nord come in Europa. Si è quasi diffuso con la stessa coerenza con cui si sono diffusi i blue jeans. L'unica versione che risente del cameratismo di vent'anni fa è quella del bacio amichevole dato sulla bocca, a labbra chiuse, tra uomini e donne.

Il resto del mondo, però, ci guarda. La di-

versità delle effusioni (soprattutto delle effusioni labiali) è ancora tale, sulla terra, che l'impressione che si ricava è questa: qui il tempo corre in accelerazione continua, là si è fermato. Gli indiani Kamayura, che vivono in Brasile e hanno un indice demografico in continua ascesa, sembrano aver saltato quelle che si considerano le correlazioni antropologiche della nascita del bacio. Dotati di grande sensualità, si dedicano a tutto ciò che detta loro il desiderio, ma non al bacio, di cui anzi ridono.

Lo stesso avviene tra i Boscimani del deserto del Kalahari e tra i Tasaday delle Filippine. I primi, in luogo del bacio, hanno l'abitudine di toccarsi sul petto, rapidamente se non sono soli, più a lungo e con dolcezza se non li vede nessuno. I secondi non conoscono espressioni affettive, sono tribù respinte dalla civiltà cui non riescono ad adattarsi; per questo vagano e si moltiplicano con grande indifferenza, colpiti da un'altissima mortalità.

I Papua della Nuova Guinea, a quanto riferiscono gli etnologi, attribuiscono grande valore al contatto della pelle del viso. Toccarsi guancia a guancia per loro è inebriante come per gli eschimesi lo è toccarsi il naso col naso. Si direbbe che questi popoli rifuggano dal penetrarsi bocca su bocca. Un missionario americano dice che i Papua temono di perdere l'anima, il che è comprensibile; ma non sono disposti a dare l'anima nemmeno alla persona amata? Forse non conoscono l'amore, forse si avviano nel lungo cammino della vita con una rassegnazione esistenziale a noi fortunatamente sconosciuta.

A eccezione dei Kamayura, si tratta di popoli che sembrerebbero destinati a estinguersi, a sparire dalla faccia della terra. Non so se ci sia rapporto tra i costumi affettivi e la sopravvivenza, forse non c'è. Certo che è ben strano trovare l'amore evoluto massimalmente tra le razze che hanno più probabilità di correre sui binari della supremazia nel prossimo millenio.

Le reazioni che abbiamo di fronte a certe tribù «indigene» messe davanti al «bacio del bianco» sfiorano il sorriso (come si può sostituire il bacio con il contatto dei nasi, quando non con una piccola botta in testa?). D'altra parte, chi può dire che una tenerezza diversa non sia altrettanto bella? Tra i Guahibo della Bolivia l'uomo e la donna, quando s'incontrano e (si presume) si parlano d'amore, si sfiorano continuamente i piedi nudi. Solo più tardi, durante il coito, le labbra accompagnano rabbiosamente il ritmo dei corpi. Anche per loro, come per certi popoli dell'Oceania, la bocca si apre a spasimi di piacere che non sono affatto quelli che conosciamo noi.

Altrettanto violento è l'accoppiamento di un altro popolo dell'America del Sud, gli Shipibo delle Ande, che quando è giunto il momento saltano i preliminari e si uniscono con frenesia, baciandosi su tutto il corpo e, finalmente, anche sulla bocca, quando il colmo della passione gli suggerisce di scambiarsi anche molta saliva.

I Bambara e i Songhai del Mali cominciano solo ora, dopo l'indipendenza, a percepire i modi affettuosi dei bianchi. Fino a ieri capivano tutto, ma non il bacio. Anche qui, come tra certe tribù Galla dell'Etiopia, tra i Diola e i Mandingo del Senegal e i M'Boum dell'Africa centrale, la definizione di «amore» è difficile, come lo è l'individuare le vere pratiche amorose. Cosa significa mordersi leggermente i lobi degli orecchi, toccarsi le ciglia con le ciglia, sputarsi nella mano e poi toccarsi sulle ginocchia se si è seduti? Non sono baci, ma forse sono i *loro* baci. Di noi dicono che siamo barbari, che facciamo ciò che di solito fanno le bestie.

Quanto più ci addentriamo negli altri continenti, tanto più scopriamo che almeno mezza umanità non conosce o disprezza il bacio occidentale. I polinesiani non sanno nemmeno cosa sia (a mostrarglielo, ridono). Gli indiani hanno il concetto della coppia divina, del rito dell'amore, della diffusione dell'energia erotica. Sono un popolo imbevuto di erotismo, se non di lussuria. Eppure anche tra loro il bacio è di secondaria importanza. Perché?

Ciò che distingue la nostra passione fisica dalla loro è che per noi è in funzione del rapporto tra due esseri umani, mentre tra loro è, sì, il compimento di una promessa tra due individui, ma è anche il modo perfetto per partecipare alla comunione mistica con una divinità che li sovrasta continuamente. Le qualità che noi attribuiamo al bacio non possono esistere tra gli indiani: il bacio non è che uno dei gradini più bassi del loro innalzamento alla divinità.

Non altrettanto si può dire dei cinesi. In

genere, anzi, si dice: un miliardo di cinesi, e non si baciano. Non è vero. I cinesi non sono gli indiani. Per i cinesi il bacio non è né quello occidentale, pregno di simboli e di altri significati oltre il piacere della carne, né quello indiano, avvio di una sensualità molto più vasta: per loro il bacio è un atto sessuale dei più squisiti. Da Tao a Mao, non sono cambiati. Non si baciano mai in pubblico («Voi occidentali avete così fretta di andare a letto che cominciate a fare l'amore in strada», ci dicono divertiti). Perfino tra parenti, tra amici e tra genitori e figli le loro effusioni pubbliche sono sempre a parole, mai fisiche. Il piacere va consumato in segreto, e l'affetto si comunica anche con una frase.

Infine, il Giappone. Certi studiosi europei, oggi, ridono degli storici che fino a ieri hanno ripetuto la stupefacente constatazione che i giapponesi ignoravano il bacio fino al secolo scorso. E portano a testimonianza l'arte erotica giapponese e il grado di occidentalizzazione attuale a cui soggiace tutto l'Estremo Oriente. Però dimenticano che nella loro arte erotica non si trova nemmeno una raffigurazione del bacio, e che tutta la cultura nipponica è satura di una carnalità non molto diversa da quella dell'Islam: la vita fisica prevale su tutti i contenuti meno che sessuali degli atti d'amore. I musulmani possono baciarsi purché non siano rivolti alla Mecca: i giapponesi si baciano per stimolare i sensi. È noto che perfino la geisha più esperta fa tutto con le mani, e semmai riserva le labbra alla più ardente lussuria.

Metà della terra si bacia con le mani, con i piedi, con le ciglia e con le unghie, o non si bacia affatto, o lo fa in gran segreto. Noi occidentali, come abbiamo notato, non solo esaltiamo il bacio (al punto da dedicargli un libro!) fino a volerne conoscere l'origine, la storia, la tipologia, la diffusione, ma lo computerizziamo tirandolo giù tra le bobine del registratore e il traforato delle macchine. Quest'ultimo sviluppo, tuttavia, non appartiene del tutto agli anni ottanta come si potrebbe pensare. Ci sono precedenti illustri.

Più o meno all'epoca in cui il soffio romantico si stava smorzando nella calda pastosità del pennello impressionista, il bacio venne strappato dalla *turris eburnea* della poesia e trascinato al livello del resto della sessualità umana. Il mondo occidentale si stava espandendo nella direzione (anche culturale) che lo avrebbe visto trionfare su tutti gli altri popoli nella seconda metà dell'Ottocento e nel Novecento. Era, naturalmente, un ribadire molti altri secoli di storia, ma era anche la volontà di imprimere il proprio marchio sul resto del mondo (esempi appariscenti: il colonialismo anglofrancese e l'americanizzazione attuale di tutti i continenti, che poi hanno la stessa radice e, in parte, lo stesso peso).

Nel 1854 si cominciò a esplorare la sessualità umana con metodi scientifici. Le tappe della ricerca sessuologica a cui ci riferiamo oggi sono tre: il primo (1948) e il secondo (1953) rapporto Kinsey, e gli studi di Masters e Johnson (1966). Ma esse non nacquero senza precursori. Anche a non volersi spingere più indietro nel tempo, era stata

Pour toujours!
Assunta Cosenda

esaminata nel secolo precedente da Havelock Ellis in Inghilterra, Krafft-Ebing in Germania, Freud in Austria e van de Velde in Olanda. In tutti i casi (per quanto qui ci riguarda) al bacio veniva assegnato il ruolo di «fattore preliminare» nella strada abbastanza complicata del contatto tra i corpi, della masturbazione, delle pratiche cosiddette «devianti», dell'amplesso.

Ellis fu il primo ad abbattere il modello tolemaico dello studio della sessualità e a sostituirlo con il ''relativismo'' che, riveduto e corretto, sostiene anche la scienza di oggi. Fu lui, avventuratosi in Africa, a scoprire che il bacio era sconosciuto in quasi tutto il continente. I Buganda gli risultarono molto pudichi: tra loro era indecoroso mostrarsi in pubblico con una veste al di sopra del ginocchio, però le mogli del re sedevano a corte completamente nude. I Masai, d'altro canto, consideravano offensivo nascondere i propri genitali. Lo studioso concluse tra l'altro che «nessun atto è indecente, nemmeno il bacio in pubblico, se dietro c'è una cultura che lo giustifica».

Purtroppo la cultura in cui si muoveva Ellis, quella vittoriana, non era tale da permettere emulazioni dei Masai, e nemmeno (nella parte più erotica) dei Bugunda. Da quella stessa cultura, nel ramo germanico, balzò fuori Richard von Krafft-Ebing, che nel 1886 pubblicò un trattato apocalittico in cui descrisse le attività sessuali come apportatrici delle più atroci malattie. Visti certi *reportage* francesi di oggi, possiamo dire di non aver progredito molto.

Naturalmente tra i vittoriani e l'ultimo precursore di Kinsey c'è Freud, il quale portò la sessualità umana fuori dalle nebbie della cultura codina e bigotta *fin de siècle*, ma, esplorandola nel magma psichico e nelle sue conturbanti manifestazioni al livello del comportamento ordinario, la rese per così dire astratta: nel senso che la scienza poté seguirne le ramificazioni, ma la gente non si sentì affatto aiutata nella gestione quotidiana delle proprie relazioni sentimentali.

Poi, però, venne van de Velde, che nel 1926 pubblicò *Il matrimonio perfetto* (in Italia, nei primi anni del secondo dopoguerra, si vendeva ancora come un libro equivoco, se non addirittura osceno), e non è esagerato dire (come è stato detto) che «con quel libro van de Velde insegnò a un'intera generazione di europei e di americani che ci sono più di due modi di compiere l'atto sessuale, e che certe cose dai nomi strani (*cunnilingus* e *fellatio*) non solo sono piacevoli, ma dovrebbero essere considerati normali». Il bacio, per il professor van de Velde, era «un altro preliminare importante nella soddisfazione dei sensi e nel raggiungimento del piacere totale».

Fu a questo punto che Alfred Kinsey, rendendosi conto che la casistica dei suoi predecessori era alquanto limitata, portò in campo una scienza complementare relativamente nuova, la statistica. La vera «quantificazione» del sesso comincia qui. Ed è da qui che traggono ispirazione i computer attuali. (Un precursore molto piú lontano è, sorprendentemente, Rabelais, il quale, avendo notato che i battesimi dei neonati avvenivano nella sua regione soprattutto a ottobre e novembre, concluse che la gente si baciava più spesso verso Natale e copulava più intensamente a gennaio e febbraio).

Il primo rapporto Kinsey, sulla sessualità maschile, e il secondo, sulla sessualità femminile, sfrondarono il campo di una valanga di concetti sbagliati, avviarono l'educazione sessuale nelle scuole americane, prepararono il terreno a studiosi non più avversati dalla professione medica e fornirono la base d'appoggio al lavoro di Masters e Johnson. È però da notare che Kinsey, nelle sue numerose «interviste» e osservazioni «dal vivo», setacciava il campo di *tutti* gli atti sessuali, e precisamente: sogni erotici ed eiaculazioni notturne, masturbazione, *petting* eterosessuale, coito eterosessuale, coito omosessuale e contatti con animali.

E il bacio? A una rilettura dei due rapporti, il bacio risulta relegato, quasi *en passant*, nel *petting*, parola inglese che denota tutto ciò che sta tra il primo contatto fisico (la carezza, il bacio) e la copula.

Kinsey, comunque, rimosse il tremendo macigno della frigidità perché capì che la radice di tutte le «impotenze parziali» (e in buona parte anche di quelle apparentemente croniche) era l'inibizione psicologica. Quando invitò i giovani americani ad abbracciarsi, a baciarsi, ad avere «liberi contatti sessuali nei limiti della responsabilità sociale», li invitò a godere meglio la vita, ma partendo (senza menzionarlo) dal bacio. Il vero *date* nasce allora. E con esso la prima «distribuzione quasi indiscriminata di baci».

Non è il caso di esaminare qui i dati raccolti da Kinsey e dai suoi collaboratori. Basta dire che alla sessualità specialmente giovanile venne dato via libera (altro elemento che preparò l'avvento degli anni sessanta). Tuttavia anche Kinsey, per quanto confortato dalle statistiche, si era mosso su un terreno in parte ancora teorico. Toccò a William Masters e a Virginia Johnson il compito di por-

tare avanti la sessuologia nelle due direzioni logiche: l'esame dei singoli e delle coppie *in laboratorio*, e la cura delle deficienze. Il loro centro di studi di St. Louis divenne famoso in tutto il mondo (come i loro libri). E il loro metodo era impeccabile: le reazioni del corpo umano agli stimoli erotici in tutte le possibili situazioni, dal pene allo scroto, dai testicoli al seno, dalla clitoride alla vagina, alla cervice, all'utero e ad altre parti. Ancora una volta, però, si prestò pochissima attenzione alla bocca e la caratteristica continua anche nei due rapporti americani più recenti, quelli di Shere Hite sulla sessualità maschile e femminile.

La sessualità dei nostri giorni deve il suo trionfo, almeno in parte, a questi ricercatori. Dobbiamo naturalmente rilevare che il disinteresse per la funzione del bacio nella panoramica sessuale sarebbe sospetto (della bocca, in tutti questi rapporti, si parla soprattutto quando entrano in campo baci molto diversi: *cunnilingus* e *fellatio*), se non fosse che anche questa è un'ennesima dimostrazione del piacere in sé che di solito procura il bacio e del suo significato emotivo e sentimentale.

C'è però un'interessante appendice che accompagna alcuni di questi lavori. Si chiama *imprinting*, che letteralmente significa «imprimere», ma che in scienza ha a che fare con il fenomeno dell'«innamoramento» (trattato recentemente in forma esemplare da Francesco Alberoni, ma in maniera molto diversa). Partendo dagli esperimenti di Konrad Lorenz con le anitre (che seguono per sempre il primo oggetto che le precede nel «periodo critico» del loro sviluppo affettivo), si è attribuito l'*imprinting* a Dante per Beatrice e ad altri personaggi famosi come Goethe, Berlioz, Milton: l'innamorarsi, cioè, non importa di chi o di che cosa, *al momento giusto*, e il restare fedeli a quell'amore per il resto della vita. Non è una dannazione romantica: è un inestirpabile incatenamento di cui il soggetto ha un vitale bisogno.

I sessuologi, mai a corto di riferimenti pratici, hanno però constatato che l'*imprinting* si dà anche in caso di «mancata soddisfazione del desiderio iniziale». Il bacio, quando non è seguito da nient'altro, o perché l'altra persona ci respinge o perché va ad abitare all'altro capo del mondo o perché muore, diventa *imprinting* se al momento della sua consumazione il desiderio era totalmente avvolgente, se cioè *voleva* la conquista del corpo, dell'anima o di tutti e due. Può anche darsi che, se poi conduce all'amplesso, il bacio perda la potenza dell'*imprinting* e diventi semplicemente il primo atto dell'amore. L'*imprinting*, infatti, non è amore vero: è amore esacerbato, e naturalmente infelice.

Ciò spiegherebbe la quasi atavica reticenza di certe donne a concedere altro dopo il bacio, ma non tiene conto degli elementi sociali. Resta però il fatto che mentre si può amare anche chi non si è mai visto (in questo caso l'*imprinting* è astratto ma non meno forte), o ci si può innamorare anche dopo aver toccato un oggetto della persona da

amare (ed è feticismo), il bacio — sia pure come *imprinting* che ha fatto scattare la molla sessuale-emotiva — ha una sua insospettata vitalità anche nei recessi più oscuri della psiche.

È una vitalità, quella del bacio, che raggiunge anche le norme del vivere associato elegante, proprio, decoroso: tutti aggettivi che sembrano l'eco di un tempo definitivamente scomparso, ma che invece, riveduto e aggiornato, è ancora tra noi. È curioso che questo «galateo moderno» sia spesso violato (sia pure con buona grazia) nei paesi della Vecchia Europa, mentre si riafferma in quello che dovrebbe essere il mondo nuovo, l'America.

In America ci si può baciare dappertutto, ma in certe occasioni sarà bene ricorrere al bacio con i dovuti riguardi. È un'etichetta che provoca una reazione ironica, che però esiste e, in generale, viene rispettata. Vediamone i punti salienti (è una ventata di nostalgica compostezza che si scontra con piú di un canone della vita «liberale»):

L'offerta delle labbra. Accade spesso che una donna saluti un uomo, un amico, porgendogli la bocca da baciare. Non il viso, ma proprio la bocca. Cosa deve fare un uomo? Le grandi esperte rispondono in coro: prendere sempre ciò che viene offerto. Se è una mano da stringere, stringila. Se è una guancia da baciare, baciala. Se è un paio di labbra, perché tirarsi indietro? E se la cosa si ripete e diventa un'abitudine, tanto meglio. Mai pensare che così il bacio si volgarizzi: la volgarità è solo nelle intenzioni. C'è anche

chi aggiunge: l'esclusiva della ricerca del bacio in privato non è più in mani maschili; ciò però non vuol dire che l'uomo possa rifarsi in pubblico, dove è sempre e solo la donna che dà il via.

Il «social kissing». Sarà bene lasciare questa espressione in inglese perché si riferisce in gran parte a ciò che si fa con le mani e le labbra negli Stati Uniti, anche se l'Europa non è del tutto estranea al «problema». Che si tratti di un problema non c'è dubbio. Il «social kissing» comprende tutto ciò che si fa incontrando conoscenti (non amici). La stretta di mano, finora riservata all'Europa, sta penetrando anche l'America. Certo, non si dà la mano al barista né al cassiere di banca. In tutti gli altri casi diventa sempre più comune. È però quantitativamente superata dal bacio sulla guancia (una, la destra), che ormai è inevitabile. Il «problema» consiste nel non sapere subito se baciare la guancia o la mano. È la donna che deve dare il segnale giusto. Baciarsi tra uomini, in America, è fuori discussione: lo fanno solo gli omosessuali o chi si atteggia a europeo (senza ovviamente sapere come bacia un europeo). Anche in America, però, le cose stanno cambiando: due uomini, se sono amici, possono abbracciarsi quando si incontrano. È una rivoluzione del costume!

La stretta di mano. Sta scomparendo tra due donne, mentre si sta livellando in tutto il mondo tra due uomini. Tra le due punte estreme — il Belgio, dove tutti si stringono la mano anche se si incontrano sette volte in un giorno, e l'India, dove la mano non si stringe affatto perché è un contatto fisico (gli indiani pensano sempre a una cosa sola...) — si fa strada la via di mezzo. Le donne si baciano, gli uomini si stringono la mano. Quando si tratta di un uomo e di una donna, come abbiamo visto, dipende dalla donna.

Il baciamano. Tipico dell'Europa (dove da dieci anni è in grandissima ripresa), il baciamano non è più rarissimo negli altri paesi del mondo. In America e nei paesi nordeuropei è un rito che si conduce con molta franchezza: al contrario dei paesi latini, dove quasi sempre il baciamano non significa affatto baciare la mano, ma *far l'atto* di baciarla (per cui resta solo l'inchino), il ceppo anglosassone preferisce un vero bacio sul dorso della mano della donna. I giovani, naturalmente, ridono di tutto questo. (Ma diventeranno meno giovani anche loro...).

La prima volta. Qui, invece, si parla proprio dei giovani. Stando alle rubriche epistolari delle riviste «femminili» le ragazze di oggi sono angosciate perché non sanno se devono farsi baciare al primo appuntamento. La cosa sorprende. Dov'è andata a finire la «rivoluzione sessuale»? Diciamo che è arroccata nell'altra metà della popolazione giovanile, quella che non scrive alle riviste. Le più puritane (tra le «ragazze da marito», espressione che dice tutto sulla portata del riflusso del Nord America) si sentono rispondere, quando pongono il quesito, che «farsi baciare è sempre bene, ma *dopo*». Dopo che cosa? Dopo il primo appuntamento. Rientra nel gioco dell'amore il tira-e-molla del desiderio contro l'impegno sociale. E se guardiamo alla ripresa del matrimonio tra i più giovani, dobbiamo concludere che si tratta di un tira-e-molla efficace. La modernità fa le bizze: il mondo va avanti a scossoni.

Baci presidenziali. Questo è un fenomeno politico e merita un momento di riflessione. L'America, come sempre, è all'avanguardia.

I presidenti e i candidati alla presidenza si esibiscono continuamente nel grande fervore del bacio rivolto all'infanzia. Se non si fanno fotografare con un bambino tra le braccia rischiano l'accusa di freddezza. È come se violassero la sacralità della famiglia. La gente, però, ha capito il trucco (ci ha messo ottant'anni!) e oggi critica coloro che si lasciano andare a esibizioni fuori del comune. Ai bambini la cosa non dispiace (l'affetto lo trovano altrove).

L'anno nuovo. Si saluta in molti modi, e sempre con un bacio. Ma chi si deve baciare in uno dei soliti numerosissimi *party* affollati, dove sembra che tutti abbiano avuto un'annataccia perché fanno di tutto per dimostrarsi contenti nel veder crepare l'anno vecchio? La regola (dettata chissà da chi) é: le coppie sposate devono esibire un bacio estremamente appassionato (per evitare che gli altri pensino a un dissapore in fermentazione), gli amanti devono sfiorarsi appena le labbra (tutti sanno che il vortice della passione li trascina altrove), la ragazza che è arrivata alla festa con un ragazzo farà bene a cercarlo tre minuti prima di mezzanotte (se intende baciarlo), oppure dovrà cercare l'uomo con cui intende tornare a casa. In genere si baciano i vicini di brindisi, mai le ex mogli o gli ex mariti, e il bacio dev'essere da perfetto galateo: inutile ma allegro, formale ma non troppo.

Tutto questo rientra nel multiforme filone del bacio simbolico, ma subisce l'onta di una divulgazione che non ha più nulla a che fare con ciò che in origine era un rito. I regnanti, per esempio, quando si scrivono cominciano ancora con «Caro cugino», e quando si incontrano si inchinano e si baciano, ma l'antica etichetta ha perso lustro. Il galateo che amministra il «bacio sociale» di oggi ha subìto la stessa sorte. I gesti del rito non hanno più l'importanza che avevano. Il baciamano è un atto quasi ironico, il bacio sulla guancia tra amiche non è mai un bacio ma uno sfiorarsi (quando va bene) la pelle e gli uomini rifuggono dal posare le labbra sul viso di un altro uomo.

Il costume ha un suo momento, però è più un ribadire la vittoria sull'anticonformismo di quindici anni fa che un vero ritorno all'eleganza di altri secoli. Ciò che una volta era *de rigueur* oggi è *optional*: alla civiltà francese si è sostituita quella americana, e non solo in senso linguistico. Si ha l'impressione che presto le crinoline torneranno nel cassetto.

Dunque il nostro tempo ha fatto i conti con un recente burrascoso e ha trovato che il bacio, via, non era da buttare. Si è tentato di metterlo in ridicolo, di dargli cadenze e soffi amorosi d'altri tempi, di metterlo in parentela con gli angeli (si è riso degli angeli), con l'intenzione reproba di snaturarlo come se rappresentasse il ghiaccio delle membra. Lo si è spinto — con un certo successo — in braccio al «dio mammone» dell'elettronica, mentre nei salotti buoni c'era chi pretendeva di fargli fare una piroetta. Lo si è anche soprannominato, togliendogli il nome vero.

Tutto per impedirgli di tornare tra la gente nella sua smagliante, assoluta semplicità.

Ma il bacio l'ha fatta in barba a questo e a quello. Uomini e donne si baciano con rinnovata bramosia; ragazzi e ragazze non arrossiscono più se l'amore si ferma lì, sulle labbra. A volersi bene in tutto il corpo c'è tempo, il domani non fa più paura perché l'oggi non è più l'affannosa rincorsa al piacere che era quando le campane della rivoluzione suonavano a distesa.

Curioso, no?, che il bacio e la rivoluzione si guardino a vicenda.

Ma non è tanto curioso. Vent'anni fa il bacio tradizionale perse importanza perché non bastava più. Oggi ne riacquista. Perché? Vediamo cos'è successo in questo intervallo di tempo ai quattro tipi fondamentali di bacio.

Il bacio affettuoso è rimasto pressoché immutato al livello familiare. I bambini e gli zii sono sempre bambini e zii. Se qualcosa di nuovo c'è stato, è una maggiore franchezza tra amici, un modo più accentuato di sentirsi partecipi della stessa vita, che è un riflesso del collettivismo implicito nell'ideologia della fratellanza.

Il bacio simbolico ha subìto le modifiche dettategli dal cerimoniale pubblico e religioso, nonché dal ripristino di una mondanità di tipo *débonnaire* che sembra una mascherata. Nelle chiese, in gran parte del mondo, si è spenta l'aura sacrale che circondava il clero: si sono quindi affievoliti gli omaggi alla figura simbolica dell'uomo, anche se il bacio rimane una delle suppellettili della vita spirituale.

La «rivoluzione sessuale» ha invece sconvolto il primo bacio e il bacio d'amore. È stato un processo tortuoso, in parte sofferto, e non se ne sono perdute ancora le tracce. Perché è successo? I calzini bianchi arrotolati e i pullover a losanga, che ho menzionato prima, sono il simbolo di una congiuntura post-James Dean che rischiava di travolgere la gioventù americana (la prima che si risentì) nel fabbricato della *middle class* conformista e imbevuta di psicologia. La *beat generation* suonò il primo allarme, il Vietnam e i soprusi ai neri fecero il resto. Non c'era scampo: se Freud aveva rivelato l'importanza dell'individuo, ora quell'individuo voleva il tributo che gli era dovuto.

Disfattisi dei calzini bianchi e dei pullover, i giovani occidentali pensarono di poter rifare il mondo (dato che il mondo era brutto, faceva la guerra, opprimeva certe razze) ribellandosi a tutto: dalla famiglia alla scuola al governo. Il sesso non poteva restare intoccato. Infatti si calpestarono i tabù, si spaccarono le pietre della tradizione, ci si ubriacò di una libertà che doveva risultare effimera, ma che allora era sul punto di sconfiggere la società intera. Il bacio, in quei frangenti, naufragò com'era logico. Non più alla caccia di sospiri al chiaro di luna, spesso imbottiti di droghe, irridenti al matrimonio e alla monogamia, questi giovani si costruirono letti accoglienti — almeno, per allora — che videro un'orgia sconfinata di sesso (spesso letteralmente).

Il 15, 16 e 17 agosto 1969 nacque la «generazione di Woodstock» che puntava a partire dall'anno zero. La imitarono i giovani francesi, tedeschi, italiani, inglesi, scandinavi. L'amore era fisico, il bacio era irrilevante, il primo bacio una favola che suscitava l'ilarità. Poi, come sappiamo, questo mondo nudo, danzante, floreale, perduto tra i sogni o insanguinato dai manganelli e dai fucili della polizia, crollò con la fine della guerra in Vietnam, con l'abdicazione di Nixon, con la sconfitta delle barricate parigine, berlinesi e italiane.

Cos'è rimasto di quella bufera? Psicologi, educatori e genitori ripetono che il «sesso genitale» è comune tra i giovani d'oggi. I giovani, riavutisi dal «riflusso» imposto (forse involontariamente) dai vincitori, dicono che oggi il partner se lo scelgono più liberamente, che è contro natura attribuire tanto valo-

re alla verginità, che le esperienze sessuali — se condotte bene, «organizzate» come si deve, senza disagio e paura — contribuiscono positivamente alla formazione dell'individuo. Hanno torto? D'altra parte, se è vero che questi giovani si sono ribellati al rapporto centrato sull'aggressività maschile e sulla sottomissione femminile, è anche vero che nella maggior parte dei casi hanno finito con l'innamorarsi di se stessi. I vari Esalem, le terapie fisiche, i centri del relax conviviale, il toccarsi perché non c'è altro modo di riconoscersi: sono pallidi tentativi di mescolare Woodstock e Narciso. La droga è un'altra fuga dal contatto con gli altri. Sono gli avanzi di un carnevale triste duro a morire.

Il «revival» del bacio rivaluta le labbra e tutto quello che c'è dietro. Con esso si abbandonano certe cose e se ne riconquistano altre. Le prime non erano tutte da accettare, le seconde non tutte da scartare. È per questo che al «revival» partecipano tutte le generazioni, non solo quelle più giovani: perché, dopo gli anni sessanta sono finiti anche gli anni settanta.

La *me generation* era una generazione che baciava se stessa allo specchio. Lo slogan «A me basta essere me stesso», ripetuto fino alla nausea in America e poi nel mondo, era non solo il tentativo di scompaginare una massa (politica), ma il rifugio in un egocentrismo spaventoso, capace solo di calpestare millenni di vita civile, l'antitesi di ciò che è capire, condividere, accettare, dare e ricevere: in una parola, amare.

Il temuto «riflusso» è stato il freno necessario della Storia. Non è vero, come certi sostengono, che la «rivoluzione sessuale» non ha concluso nulla. Qualcosa ha concluso: se non altro ha dato una nuova dignità alla donna. Solo che la donna poi ha capito che l'aver rinunciato a molte cose per aggiudicarsi la parità con l'uomo era, sì, una strategia intelligente, ma a patto che non la facesse piombare in una diversa solitudine: una solitudine che è soltanto incapacità di intessere rapporti umani forti e duraturi.

Ecco perché si tornano a leggere *romance* in America, «libri per signorine» in Europa: libri che parlano tanto di baci e mai di amplessi. Si riparte come daccapo, ma arricchiti dall'esperienza, divertiti dal ruolo egemone oggi riacquistato dall'amore.

Il bacio, nella sua freschezza, coordina tutto questo (senza far conteggi dietetici o chimici). Il nostro tempo, in fondo, del bacio dice questo: lo si rivaluti pure per le sue maggiori componenti, ma soprattutto lo si viva senza controlli, senza riserve, con la spontaneità che è della sua natura. Esso è il preludio al sesso, ma non è solo quello. È anche un modo per allungare una mano e, sulle dita, trovare la presenza di un altro. I poeti non avevano tutti i torti.

CAPITOLO XII

BREVE ANTOLOGIA LETTERARIA

Byron, che non sognava mai in piccolo, desiderò un giorno che le bocche delle donne, di tutte le donne della terra, fossero una bocca sola, tanto che lui — con un unico bacio — potesse baciarle tutte.

Ma cosa gli avrebbe dettato poi la sua musa? Una poesia, un verso, forse nemmeno: una parola. Ne avrebbe perso la vera ricchezza del mondo.

Invece i versi sono tanti, le parole anche. «La memoria non svolge che le immagini», scriveva Ungaretti, ma basta: è il solo modo con cui possiamo trattenere ancora un poco la realtà, questo affidarsi alla memoria, questo ricordare anche ciò che non accade ma poteva accadere. Nella minuscola antologia che segue poeti e prosatori colgono momenti poetici e non troppo poetici del bacio. La loro memoria non inganna. Ascoltiamoli.

La buona notte

Qualche volta, quando, dopo avermi baciato, ella apriva la porta per andarsene, volevo chiamarla indietro, dirle: — Dammi ancora un bacio, — ma sapevo che subito avrebbe fatto il viso scuro, giacché la concessione che faceva alla mia tristezza e alla mia agitazione salendo ad abbracciarmi, portandomi quel bacio di pace, irritava mio padre, che giudicava assurdi quei riti, ed ella avrebbe voluto farmene perdere la necessità, l'abitudine, ben lungi dunque dal lasciarmi prendere quella di chiederle, quando già fosse sulla soglia dell'uscio, un bacio in più. Ora, il ve-

derla adirata distruggeva tutta la calma che ella m'aveva portata un attimo prima, quando aveva chinato sul mio letto il suo volto amoroso, e me lo aveva teso come un'ostia per una comunione di pace a cui le mie labbra attingessero la sua presenza reale e il potere di addormentarmi. Ma quelle sere, quando la mamma finiva per trattenersi così poco nella mia camera, erano ancor dolci a paragone di quelle in cui c'erano invitati a cena e, a causa di ciò, lei non saliva a darmi la buona notte.

Marcel Proust,
da «La strada di Swann»,

La bocca mi baciò tutto tremante

«O animal grazioso e benigno
 che visitando vai per l'aere perso
 noi che tignemmo il mondo di sanguigno,
se fosse amico il re dell'universo,
 noi pregheremmo lui della tua pace,
 poi c'hai pietà del nostro mal perverso.
Di quel che udire e che parlar vi piace,
 noi udiremo e parleremo a voi,
 mentre che 'l vento, come fa, si tace.
Siede la terra dove nata fui
 sulla marina dove 'l Po discende
 per aver pace co' seguaci sui.
Amor, ch'al cor gentil ratto s'apprende,
 prese costui della bella persona
 che mi fu tolta; e 'l modo ancor m'offende.
Amor, ch'a nulla amato amar perdona,
 mi prese di costui piacer sì forte
 che, come vedi, ancor non m'abbandona.
Amor condusse noi ad una morte:
 Caina attende chi a vita ci spense».

Queste parole da lor ci fur porte.
Quand'io intesi quell'anime offense,
  china' il viso e tanto il tenni basso,
  fin che 'l poeta mi disse: «Che pense?»
Quando rispuosi, cominciai: «Oh, lasso,
  quanti dolci pensier, quanto disio
  menò costoro al doloroso passo!»
Poi mi rivolsi a loro e parlai io,
  e cominciai: «Francesca, i tuoi martiri
  a lacrimar mi fanno tristo e pio,
Ma dimmi: al tempo de' dolci sospiri,
  a che e come concedette Amore
  che conosceste i dubbiosi disiri?»
E quella a me: «Nessun maggior dolore
  che ricordarsi del tempo felice
  nella miseria; e ciò sa 'l tuo dottore.
Ma s'a conoscer la prima radice
  del nostro amor tu hai cotanto affetto,
  dirò come colui che piange e dice.
Noi leggiavamo un giorno per diletto
  di Lancillotto come amor lo strinse:
  soli eravamo e senza alcun sospetto.
Per più fiate li occhi ci sospinse
  quella lettura, e scolorocci il viso;
  ma solo un punto fu quel che ci vinse.
Quando leggemmo il disiato riso
  esser baciato da cotanto amante,
  questi, che mai da me non fia diviso,
la bocca mi baciò tutto tremante.
  Galeotto fu il libro e chi lo scrisse:
  quel giorno più non vi leggemmo avante».

Dante Alighieri
da «La Divina Commedia»,
Inferno, Canto V

Bocche di donna

Ci sono bocche di donna le quali paiono accendere d'amore il respiro che le apre. Le invermigli un sangue ricco piú d'una porpora o le geli un pallor d'agonia, le illumini la bontà d'un consenso o le oscuri un'ombra di disdegno, le dischiuda il piacere o le torca la sofferenza, portano sempre in loro un enigma che turba gli uomini intellettuali e li attira e li captiva. Un'assidua discordia tra l'espressione delle labbra e quella degli occhi genera il mistero; par che un'anima duplice vi si riveli con diversa bellezza, lieta e triste, gelida e appassionata, crudele e misericorde, umile e orgogliosa, ridente e irridente; e l'ambiguità suscita l'inquietudine nello spirito che si compiace delle cose oscure. E nei baci, che profonda dolcezza!

Gabriele D'Annunzio
da «Il piacere»,

La piccola istitutrice

La piccola istitutrice sedette sull'orlo del divano di velluto rosso e lui le sedette accanto e bevve tutto d'un fiato alla sua salute. «È stata veramente felice, oggi?» domandò il vecchio, voltandosi, così vicino a lei che sentì il ginocchio di lui fremere contro il suo. Poi, prima che avesse il tempo di rispondergli, lui le prese le mani. «E mi darà un bacino solo, prima di andarsene?» domandò attirandola a sé. Era un sogno! Non era vero Non era più il medesimo vecchio. Ah, che cosa orribile! La piccola istitutrice lo fissò in preda al terrore. «No, no, no!» balbettò, lottando per liberarsi dalle sue mani. «un bacino solo. Un bacio. Che cos'è? Soltanto un bacio, cara piccola Fräulein. Un bacio». Spinse il viso in avanti, le labbra aperte in un largo sorriso; e come luccicavano i suoi occhietti blu dietro gli occhiali! «Mai. Mai. Come può dire così». Balzò in piedi, ma lui fu più svelto e la tenne ferma contro la parete, premendo contro di lei il suo duro corpo di vecchio e il suo ginocchio fremente, e per quanto lei agitasse la testa di qua e di là, fuori di sé, la baciò sulla bocca. Sulla bocca! Dove nessuno, che non fosse una parente stretta, l'aveva mai baciata fino a quel momento.

Katherine Mansfield,
da «Tutti i racconti»,

Canzone

Il mio amore è egoista e ingiusto,
  I suoi baci piovono così rapidi e pesanti,
Che mentre aspetto di fare la mia parte,
  Il momento magico è passato.
E finora la colpa è stata mia,
  Ché io l'ho lasciata fare,
Pensando di doverle dare il tempo
  Di riempirsi d'amore,
Fidando nel giorno in cui, presto,
  Sarebbe rimasta a cercarmi.
Ma dopo tanta pazienza,
  Ora basta, non più.
La prenderò tra le braccia stasera,
  E farò giustizia sulle sue labbra:
Le insegnerò a riconoscere l'amore,
  E a non farsi mai beffe di lui!

Charles Sydney,
da «Love Poems»

È magnifico baciarsi

Mille tassisti sbadigliavano a mille angoli di strada, e solo lui sapeva che quel bacio era perduto per sempre. In mille taxi Thaïs sarebbe apparsa con il suo dolce viso pieno d'amore. Il suo pallore sarebbe stato virgineo, bello, e i suoi baci casti come la luna... Balzò in piedi. Perché lei era fuori? Aveva finalmente capito ciò che voleva — baciarla ancora, trovare pace nella sua grande immobilità. Ella era la fine di tutte le inquietudini, di tutto il malcontento...
Tra un bacio e l'altro Anthony e la sua dorata ragazza litigavano incessantemente.

«Ma, Gloria», si lamentava lui, «lascia che ti spieghi!».

«Non voglio spiegazioni. Baciami».

«Non dovremmo. Se ti ho offesa, parliamone. Non mi va questo baciarsi e dimenticare».

«Ma io non voglio litigare. Io penso che sia magnifico che possiamo baciarci e dimenticare, è quando non possiamo che è il momento di discutere».

Francis Scott Fitzgerald
da «Belli e dannati»,

Il colonnello la baciò

La salita andò bene con un lieve rimbalzo e una correzione alla fine, e il colonnello pensò: Controllo, eh? Sarebbe meglio che il controllo te lo facessi fare tu. Adesso il corridoio non era soltanto bello, ma stimolante, e il mettere la chiave nella serratura non era soltanto un gesto, ma un rito.

«Ecco» disse il colonnello quando spalancò la porta. «È tutto qui».

«È delizioso» disse la ragazza. «Ma fa un freddo terribile, con le finestre aperte».

«No, ti prego. Lasciale aperte, se ti piacciono così.»

Il colonnello la baciò e sentì il corpo meraviglioso, lungo, giovane, flessuoso e ben fatto contro il proprio corpo che era robusto e solido ma frusto, e mentre la baciava non pensò a niente. Si baciarono a lungo, stando in piedi, e baciandosi intensamente, nel freddo delle finestre aperte che davano sul Canal Grande.

«Oh» disse lei. E poi: «Oh».

«Non dobbiamo niente a nessuno» disse il colonnello. «Proprio niente.»

«Mi sposerai e avremo i cinque figli?»
«Sì! Sì.»

«Il punto è questo: lo faresti?»
«Certo.»

«Baciami ancora e fammi male coi bottoni della divisa, ma non troppo.»

Ernest Hemingway
da «Di là dal fiume e tra gli alberi»

Paesaggio di delizie

Bacio a bacio percorro il tuo piccolo infinito,
le tue sponde, i tuoi fiumi, i tuoi minuti
                    villaggi,
e il fuoco genitale tramutato in delizia

scorre lungo i sottili sentieri del sangue
fno a crollare come un garofano notturno,
fino a essere e non essere che un raggio
                    nell'ombra.

               Pablo Neruda

Lungo sorso d'amore

Una fanciulla m'ha donato, a sera,
un bacio con le roride sue labbra!
Era, il suo bacio, nettare, ché nettare
la sua bocca esalava. Ed io son ebbro
di quel suo bacio, ché ho bevuto un lungo
lungo sorso d'amor dalla sua bocca.
               Anonimo (Agatia?)

Ponte aereo

Poiché non può baciarmi sulla bocca,
la divina Rodante, alla finestra,
stende tra noi il cinto verginale
ch'ella bacia e ribacia. Come destro
raccoglitore, all'altro capo, io bevo
la corrente dei baci e poi, strisciando
con le mie labbra sulla fascia, lancio
a lei i miei baci. Bamboleggiavamo
così per alleviar le nostre pene
d'innamorati, ché era, il dolce cinto,
ponte gettato tra le nostre bocche.
               Agatia Scolastico

Concorsi di baci

Grandi, lunghi, schioccanti sono i baci
di Galatea e soavi
quelli di Demo, e Doris dà voraci
baci-morsi. Quale eccita di più?
Che mai di baci giudichi l'orecchio;
ma sol ch'io gusti tutte e tre le bocche,
e vi dirò chi meriti l'alloro…
Ah! t'ingannavi, o cuore mio: di Demo
tu già sapevi i molli baci e il dolce
delle sue roride labbra. A loro
testa immedesimato, che da sole
riportano vittoria. S'altri in altra
si bea, che vada pur per la sua via!
Ma me da Demo strapperà nessuno.
               Paolo Silenziario

La coppa felice

Dolce esulta, la coppa: ella ha gustato
— dice — la bocca cinguettante
di Zenofila mia cui piace Amore.
Felice coppa! Oh se le labbra sue
sopra le mie posando,
ella bevesse or ora e d'un sol fiato
tutta l'anima mia.

Meleagro

Immedesimazione

Quand'io la bocca sulla bocca
divoravo Agaton con i miei baci,
avevo l'alma sulle labbra:
ove la poverina era volata
per immedesimarglisi.

Platone

Il bacio d'Europe

Bacio d'Europe: quando al labbro scende
è dolce, e dolce ancora
è se la bocca appena appena sfiora.
Ma Europe la bocca
sfiorarti solo, Europe?
Ella ti ci si attacca
e fino alle unghie l'anima ti sugge.

Rufino

Dalla «Antologia palatina - i libri dell'amore»

Filosofia d'amore

I

La sorgente si mescola col fiume
E il fiume si mescola col mare,
I venti del cielo si fondono sempre
Con turbamento soave;
Nulla nel mondo sta da sé;
Tutte le cose s'incontrano e si uniscono
Per legge divina in un'anima sola.
Perché con te non io?

II

Baciano i monti l'altissimo cielo
E l'onde si abbracciano fra loro;
Sorella fiore non sarebbe perdonata,
Se disdegnasse suo fratello fiore;
E la luce del sole abbraccia la terra
E baciano il mare i raggi della luna:
Ma se tu non mi baci, a che vale
Tutta quest'opera soave?

Percy Bysshe Shelley

Il primo bacio

Un bacio non si chiede
Ma per forza si prende;
Donna che nol concede,
Tacita ve lo rende:
Pur io da innamorato,
E da fanciul qual ero
Volli il bacio primiero
Che mi fosse accordato.

Difficil cosa molto
Ottener dal modesto
Labbro quel che va tolto,
Come dico, e non chiesto;
Pur mi ci adoperai
Con sì gentil maniera,
Con sì calda preghiera,
Che alfine la spuntai.

S'era nella stagione
Che al dolce amore invita,
Palpita in embrïone
La Natura infinita,
E complici parole
L'aura notturna invia,
Serbando la malìa
Del tramontato Sole.

Io le sedeva accanto;
Con fervorosa prece,
L'implorai tanto e tanto,
Che buona ella si fece;
Molto arrossendo il dono
Allor mi fu promesso,
In picciolo, sommesso,
Misterïoso suono;

Suon come d'ala uscente
Dal già maturo nido,
Come d'onda morente
Sul vagheggiato lido,
Come sottil sospiro
D'aura che move a sera,
Con molle orma leggera,
Per la campagna in giro.

Tosto con brama viva
Lei tra le braccia tolsi,
Lei concedente e schiva,
E il primo bacio io colsi;
Il labbro ella non porse,
Ma per sottrarsi al mio,
Pur con vezzo restio,
Quinci il viso non torse:

Ne fur sì tosto impresse
Dalla mia bocca ardente,
Che le sue labbra istesse
Mi baciar dolcemente:
Ancor me ne rimembra,
Per convulsa dolcezza,
Sotto la mia carezza,
Tremavan le sue membra.

Poscia da me si tolse,
Con dispetto improvviso,
Insieme al suol rivolse
Sdegnosamente il viso,
E da sè malcontenta
Mi respinse lontano,
Con gli atti e con la mano.
Era tutta sgomenta

D'aver così gran cosa
A labbro d'uom concessa.
Crucciata e dispettosa
D'aver colto ella stessa
Un piacer singolare,
D'aver sperimentato
Ch'è pur dolce il peccato
Del lasciarsi baciare.

Vittorio Betteloni
(1840-1910)
da «Poeti minori del
secondo Ottocento
italiano»

BIBLIOGRAFIA

Questa bibliografia si limita ai libri direttamente consultati dall'Autore, mentre, ovviamente, la letteratura sull'argomento (dalla sessuologia alla psicologia alla storia alla sociologia) è sterminata.

Christopher Nyrop, *The Kiss and Its History*, Londra, Sands.

Reay Tannahill, *Sex in History*, New York, Stein and Day.

Henry Malcom, *Generation of Narcissus,* Boston, Little Brown.

Patrick J. Kearney, *A History of Erotic Literature*, Londra, Macmillan.

Ove Brusendorff e Poul Henningsen, *The Complete History of Eroticism,* Secaucus, N.J., Castle.

J.E. Schmidt, *Cyclopedic Lexicon of Sex,* New York, Brussel & Brussel.

Hugh Morris, *The Art of Kissing,* New York, Doubleday.

Terry & Mike, *How To Kiss With Confidence,* New York, Bantam.

David E. Outerbridge, *The Art of Wooing,* New York, Potter.

Jane Lahr e Lena Tabori (a cura di), *Love*, New York, Stewart, Tabori & Chang.

Julius Fast, *L'accordo sessuale*, Mondadori.

Julius Fast, *Il linguaggio del Corpo*, Mondadori.

Francesco Alberoni, *Innamoramento e amore*, Garzanti.

W. Maters e V. Johnson, *Il legame del piacere*, Feltrinelli.

Wilhelm Reich, *La rivoluzione sessuale*, Feltrinelli.

Janine Chasseguet-Smirgel, *La sessualità femminile*, Laterza.

Jean-Louis Flandrin, *Il sesso e l'occidente*, Mondadori.

Theodor Reik, *Psicologia dei rapporti sessuali*, Feltrinelli.

Honoré Daumier, *Costumi coniugali*, Longanesi.

Lodi del corpo femminile, Mondadori.

Stendhal, *Dell'amore*, Rizzoli.

Byron, *Don Juan*, Mondadori.

D.H. Lawrence, *Poesie d'amore*, Newton Compton.